国家自然科学基金项目(No.71974169)、教育部人文社会科学研究
青年基金项目(No.22YJC790144)研究成果

U0739007

城市教育资源资本化效应的
动态异质演变研究：
以杭州市为例

肖　月　温海珍　著

ZHEJIANG UNIVERSITY PRESS
浙江大学出版社
·杭州·

图书在版编目(CIP)数据

城市教育资源资本化效应的动态异质演变研究:以杭州市为例 / 肖月,温海珍著. —杭州:浙江大学出版社,2023.10

ISBN 978-7-308-24224-0

Ⅰ.①城… Ⅱ.①肖… ②温… Ⅲ.①城市—教育资源—资源配置—研究—杭州 Ⅳ.①G527.551

中国国家版本馆 CIP 数据核字(2023)第 179059 号

城市教育资源资本化效应的动态异质演变研究:以杭州市为例

肖　月　温海珍　著

责任编辑	金佩雯	
责任校对	蔡晓欢	
封面设计	续设计	
出版发行	浙江大学出版社	
	(杭州市天目山路 148 号　邮政编码 310007)	
	(网址:http://www.zjupress.com)	
排　　版	杭州星云光电图文制作有限公司	
印　　刷	广东虎彩云印刷有限公司绍兴分公司	
开　　本	710mm×1000mm　1/16	
印　　张	10.5	
字　　数	188 千	
版 印 次	2023 年 10 月第 1 版　2023 年 10 月第 1 次印刷	
书　　号	ISBN 978-7-308-24224-0	
定　　价	66.00 元	

前　言

自古以来,中国家长对子女的教育极其重视。从战国时孟母三迁择邻而居、隋朝创立"学而优则仕"的科举制度,直至当下家长们为获得优质教育资源而购买高价学区房,这些现象体现了中国百姓希望通过优质教育来提升后代和自身的社会及经济地位的美好向往。随着经济社会的发展和生活水平的提高,近年来居民在选择居住地时尤为关注住宅周边的城市公共品。其中,城市教育资源与居民生活紧密联系,在中国社会具有十分显著的重要性。出于许多中国人"不能输在起跑线上"的思想,住宅小区的教育配套已成为人们购房决策的关键依据。自 1998 年结束住房福利分配制度以来,我国房地产业的市场化进程不断加快。在目前房地产业高度市场化的背景下,优质教育资源稀缺、学区房价格高企等问题日益突出,困扰着广大百姓。水涨船高的学区房价格、严格的购房和落户年限要求等使得"上学难,上好学更难"的问题一直未得到有效解决。

这一现实问题在一定程度上源于未完全了解城市教育资源和住宅价格的微观互动机制。目前,我国教育资源的资本化效应尚未得到全面探索。国内大部分研究主要通过特征价格模型估计得到教育资源静态的、平均的资本化效应,与西方研究相比,尚存在提升空间,比如对资本化效应的动态跟踪有待加强,对样本空间属性的关注有待加深等。

本书基于特征价格理论、城市公共品理论和市场细分理论以及杭州的住宅市场和教育资源数据,从时间、空间和社会三个维度深入研究城市教育资源对住宅价格的动态异质性影响,总结城市教育资源对住宅价格影响的形成机制和系统成因,并对促进教育资源公平、合理配置以及房地产业健康发展提出政策性建议。

本书以杭州市六个主城区作为研究区域,利用 2007—2017 年的住宅数据,构建特征价格模型、空间计量模型[空间滞后模型(spatial lag model,SLM)和空间误差模型(spatial error model，SEM)]、地理加权模型(geographically weighted regression，GWR)和两阶段空间分位数回归模型(two-stage spatial quantile regression，2SQR)，并借助于地理信息系统(geographic information system，GIS)，得到以下四点结论。

①从全局维度考察，小学质量、初中质量和邻近大学的价值已显著资本化入住宅价格中。2007—2017年，小学和初中质量每提高一个等级，对应学区内的住宅价格分别上涨2.3%～6.1%(460～1219元/m²)和3.0%～6.3%(600～1259元/m²)，并且初中的资本化效应略高于小学的资本化效应；大学在2011年及以后能为周边1km内的住宅价格带来2.5%～4.4%的增值(500～879元/m²)；个别年度中，幼儿园的邻近性能较少程度地提升住宅价格；而这几年中，小学距离、初中距离和邻近高中不能显著影响住宅价格。研究发现，住宅样本间存在显著的空间自相关作用，空间计量模型通过控制数据的空间效应提高了传统特征价格模型的解释能力。

②从时间维度考察，小学质量、初中质量和邻近大学的资本化效应日趋增长。2007—2017年，小学质量和初中质量的资本化效应分别显著增长了161%和90%；2011—2017年，邻近大学的资本化效应缓步增长了23%。这说明近年来购房者对小学和初中的学区质量以及邻近大学居住的需求和支付意愿日益增加。

③从空间维度考察，各阶段教育资源的资本化效应存在显著的空间异质性。GWR结果显示，2010年及以后小学质量和初中质量的资本化效应在绝大部分城市区域显著存在；而幼儿园、高中和大学的邻近性仅显著影响城市小部分区域的住宅价格。这些结果揭示了不同地区的购房者对各阶段教育资源表现出不同的偏好和支付意愿，反映了杭州市教育资源在空间上可能存在配置不均衡等问题。此外，小学质量的资本化效应从2011年起演变为在城市中心较强并向周边递减的规律，初中质量的资本化效应从2015年起都在城市西部呈现峰值。实证结果显示，小学和初中资本化效应的空间集聚作用日益显著，购房者以房择校的意愿日渐明显。

④从社会维度考察，各阶段教育资源的资本化效应存在显著的社会异质性。2SQR结果显示，近年来小学质量和初中质量对绝大多数分位点的住宅价格存在显著的正向影响，这说明无论社会阶层或收入水平高低，大部分购房者都十分重视小学和初中质量。自2014年起，中低分位点的住宅受小学质量的影响较大，而较高分位点的住宅则受初中质量的影响较大；各年间幼儿园的

邻近性仅对部分中低分位点的住宅价格存在显著的资本化效应；自 2011 年起，大学的邻近性对部分中高分位点的住宅价格有显著的正向影响；而各年间邻近高中几乎在住宅价格的全部条件分布上都没有显著的影响。这些结果揭示了来自不同社会阶层的不同价格住宅的购房者对各阶段教育资源表现出不同的需求和支付意愿。实证结果还显示，小学质量的 2SQR 回归系数在各分位点保持平稳，而初中质量的 2SQR 回归系数在 2012 年后大致呈现出向上倾斜的走势，这说明来自更高社会阶层的较高价住宅的购房者对于初中质量表现出更强的偏好和支付意愿，可能会引起社会维度上教育资源配置不公平等问题。

　　本书得到的基于时间—空间—社会多维度的实证结果有助于读者客观了解各年间各阶段城市教育资源的实际价值和教育资源对住宅价格的异质性影响。研究发现，在当下房地产高度市场化的背景下，原本旨在禁止择校、促进教育公平的就近入学政策，可能导致作为城市公共品代表之一的教育资源的排他性和竞争性日益明显。本书系统分析了教育资源资本化效应的形成机制，并为政府有关部门进行教育政策改革、促进教育资源的有效配置和保障房地产市场的健康发展提供了实证依据与政策性建议。同时，本书的多维度理论研究框架和计量经济模型体系能为国内相关研究的开展提供一定的理论借鉴，有利于进一步挖掘城市公共品与住宅价格之间的关系，深化对我国城市公共品价值的认识和研究。

目　录

第一章　绪　论 …………………………………………………………… 1

　　第一节　研究背景 …………………………………………………… 1

　　第二节　研究目标、内容与概念界定 ……………………………… 7

　　第三节　研究方法与技术路线 ……………………………………… 11

　　第四节　研究创新与章节安排 ……………………………………… 13

第二章　理论基础和研究进展 …………………………………………… 16

　　第一节　理论基础 …………………………………………………… 16

　　第二节　模型基础 …………………………………………………… 20

　　第三节　教育资源的衡量指标 ……………………………………… 31

　　第四节　教育资源的资本化效应 …………………………………… 34

　　第五节　本章小结 …………………………………………………… 41

第三章　数据的获取与量化 ……………………………………………… 42

　　第一节　杭州市教育资源的配置情况 ……………………………… 42

　　第二节　研究区域 …………………………………………………… 44

　　第三节　变量选取 …………………………………………………… 45

　　第四节　变量量化 …………………………………………………… 48

　　第五节　本章小结 …………………………………………………… 55

第四章　教育资源资本化的平均效应:基于时间维度的整体分析 ……… 56

　　第一节　基于特征价格模型的实证 ………………………………… 56

第二节　基于空间计量模型的实证 ·· 65

第三节　资本化效应的动态演变:基于两个模型的对比分析··········· 77

第四节　本章小结 ··· 81

第五章　教育资源资本化效应的空间异质性:基于空间—时间维度的动态演变
·· 83

第一节　地理加权模型的设定 ·· 83

第二节　空间异质性初步分析:基于 GWR 的回归结果 ·············· 85

第三节　空间分布及动态演变:结合 GIS 的可视化结果 ·············· 90

第四节　本章小结··· 100

第六章　教育资源资本化效应的社会异质性:基于社会—时间维度的动态演变
·· 102

第一节　两阶段空间分位数回归模型的设定······························ 102

第二节　社会异质性初步分析:基于 2SQR 的显著性情况 ··········· 105

第三节　社会异质性分布及动态演变:结合 2SQR 的系数趋势图 ··· 110

第四节　本章小结 ··· 119

第七章　总结与展望··· 121

第一节　研究结论 ··· 121

第二节　形成机制 ··· 124

第三节　学术意义与应用价值 ·· 128

第四节　研究不足和展望 ·· 132

附　录·· 133

附录1　2011—2019 年教育资本化相关文献回顾 ······················· 133

附录2　2007—2017 年样本的描述性统计······························· 142

参考文献·· 147

第一章 绪 论

本章将简要阐述本书的研究背景、研究目标和研究内容,并对相关的重要概念进行界定;详述本书的研究方法、技术路线和主要创新与贡献;最后对本书各章的主要内容进行说明。

第一节 研究背景

一、现实背景

(1)城市教育资源与居民生活和城市发展紧密联系,但教育资源稀缺等问题日益突出

教育资源、公共交通和城市绿化等城市公共品是城市发展的重要供给基础,与居民的生活息息相关。近年来,随着整体经济的快速发展以及居民生活水平的普遍提高,人们在进行购房决策时,尤为关注住宅周边有助于提高生活品质的城市公共品。其中,住宅小区的教育资源配置是大多数中国百姓进行购房决策时的关键依据。我国开展的一些关于教育资源需求的调查显示,子女的入学问题是大多数被调查者购房时的首要考虑因素之一(杨雯婷等,2012;陈玲芬,2013;刘硕等,2019)。

随着经济发展方式的转型升级和城乡一体化、城市化的高速推进,中国城市发展速度举世瞩目。城市个数从新中国成立初期的 136 个,发展到改革开放时期的193 个,之后迅速增长至 2019 年的 672 个。与此同时,城镇人口数量从起初的6000 万人,增加至 1.7 亿人,而后快速上升至 8.3 亿人。但是,城市的大规模、高速发展使得许多城市问题逐渐显现。不同于经济产业、人口居住的郊区化趋势,城市中心仍然集聚着较大比例的城市公共品,导致城市的空间效率大大降低。在中国许多城市，城市教育资源（特别是优质学校）仍集中在城市中心区域。这不利于教育资源的有效分配。近年来，中国城镇人口数量的迅速增长、经济水平的高速发展以及生活品质的显著提高，使得中国百姓对教育资源的需求与日俱增。但是相比而言，教育资源的供给增速不足、教育配套的质量提升缓慢，从而促使城市教育资源稀缺等问题日益突出。这些问题关乎千家万户，亟须得到社会各界的关注。

（2）住宅价格是关乎民生的重要议题，但买房难问题日趋严峻

住宅是城市居民的安身之所，与其生活、工作密切相关。房地产市场的发展也是有关民生的关键问题，时刻牵动着千万人心。但是，作为一类特殊的异质性商品，住宅价格的构成机理复杂，除了如房龄、面积和户型等建筑特征以外，其所在的区位特征、周边配套等邻里特征以及其他许多因素也能较大程度地影响住宅价格。自1998年住房分配制度改革以来，房地产业经历了飞速的市场化进程，已成为我国的重要产业之一。

但是，伴随着房地产业的高速发展，也出现了一些问题。其中，住宅价格的非理性上涨已成为普通百姓、政府和学界高度关注的热点问题之一。房价水平远超收入水平、买房难等一系列问题一直困扰着广大普通百姓，尤其是在一、二线城市奋斗的青年们。此外，中国城市住宅价格波动明显、地域性差异显著，不同城市间或同一城市内的住宅价格均表现出较大的分异性。尽管保障人民基本的居住需求一直是政府的工作重点，但遗憾的是近年来一些一、二线城市的住宅价格仍在不断上涨，买房难问题日益严峻。如何控制住宅价格的非理性上涨，保障普通百姓最基本的居住需求，是亟待解决的关键民生问题。因此，有必要对城市住宅价格开展更加深入的研究，从而促进房地产业的稳定、健康发展。

（3）上学难问题一直困扰广大百姓，但教育改革动力仍然不足

中国于1980年开始全面实施义务教育阶段就近入学的学区政策。为了保障所有儿童接受义务教育的权利，地方教育局依照各地区小学和初中的布局及招生情况等因素划定学区范围，所有适龄儿童严格按照户籍所在地的学区就近入学。这一基本教育制度的实行将儿童的入学资格与其居住地相关联。出于"再穷也不能穷教育""不能输在起跑线上"等想法，许多购房者通过购置拥有优质学区的住宅来获得理想学校的入学资格，使得学区内的小学和初中质量成为影响城市住宅价格的重要因素。一些投资者也逐渐将目光投向了教育地产，这使得学区房的价格进一步上涨。水涨船高的学区房价格、严格的购房和落户年限要求等使得"上学难，上好学更难"的问题一直未得到有效解决，一直困扰着广大百姓。

事实上,城市教育资源对住宅价格的影响仍未得到社会各界,尤其是政策制定者的充分关注。尽管上学难问题一直存在,但教育改革动力明显不足,许多城市的学区房价格仍在不断上涨,成为一系列社会民生问题的导火索。一些反常的社会现象由此产生,比如在一、二线城市常见的被拍出天价的"老、破、小"学区房和曾在某些地区出现的无法居住的"过道学区房"。在就近入学的学区制度下,中小学的入学资格可以通过购买相应的学区房获得,而收入较低的普通人的择校权利被严格限制。这可能会影响教育资源的平等分配。长此以往,这将会导致难以调解的社会问题。由此可见,只有社会各界,特别是政府有关部门重点关注和深入思考城市教育资源对住宅价格的影响机制,厘清教育热现象的内在成因和外部驱动机制,才能探索出适应当前社会的教育方针和科学的教育改革方向,最终有效缓解这些积压已久的问题,从而改善上学难的现状。

二、理论背景

(1)基于公共品视角的住宅价格微观定量研究欠缺,住宅价格的空间属性常被忽视

相比于西方研究,我国关于住宅价格的微观定量研究仍然存在着提升空间。国内学者将大部分注意力投向住宅市场的供求关系、房地产政策等相关问题,开展了一些定性研究。但是,由于数据获取困难,围绕住宅价格的形成机制和分异机理的微观定量分析仍然有待进一步深化。另外,较少有实证定量研究基于城市公共品的视角探索住宅价格的微观形成机制。因此,有必要结合城市公共品的影响,全方位、更深入地剖析城市住宅价格的构成、波动和空间分异的微观机理,丰富现有文献,从根本上控制城市房价水平,以保障全民最基本的居住需求。

此外,一些现有的研究忽视了住宅价格的空间属性。住宅价格作为一类典型的空间数据,通常表现出一定的空间自相关性和空间依赖性(Anselin,1988;Dubin,1998)。住宅的价格不仅由其自身的特征决定,还可能受到邻近住宅的价格或者邻近住宅的特征影响。但遗憾的是,国内大部分围绕住宅价格开展的实证研究通常假设相邻的住宅价格之间相互独立,利用传统的特征价格模型得到教育资源的隐含价值。但是,仅利用普通最小二乘(ordinary least squares,OLS)估计得到的结果,由于未考虑住宅价格的空间属性,可能是有偏的(Dubin,1998)。实证经验显示,忽视住宅数据的空间自相关性,会高估特征变量的资本化效应(Wen et al.,2017a)。杭州市的住宅价格被证实存在一定的空间效应(Wen et al.,2017a),因此在建立模型时有必要进一步考虑住宅价格的空间属性,从而获得相

对准确无偏的结果。

(2)城市教育资源对住宅价格的微观影响机制仍未得到全面探索

城市教育资源的价值是指非市场价值，不能通过市场交易直接衡量。作为典型的城市公共品之一，近年来学者逐渐将研究视角投向城市教育资源对住宅价格的影响。Tiebout 在 1956 年提出"用脚投票"理论，指出城市居民会根据不同地区的城市公共服务质量决定其住所。以此为理论基础，一些西方学者研究了城市教育资源等城市公共品对住宅价格产生的外部性效应。他们发现，城市教育资源能显著提高住宅价格，其隐含价值在一定程度上已资本化入城市住宅价格当中（Oates，1969），购房者愿意为优质的教育资源支付大量的附加费用（Black，1999），并且部分家长早在孩子达到适学年龄之前，就已提前购置了优质教育资源附近的住宅（Hansen，2014）。在这些研究中，住宅价格被视作一个有效媒介，用于定量测度教育资源等城市公共品的非市场价值。为了实现教育资源的合理、有效配置，推进教育的普及化、公平化进程，首要任务就是科学估计教育资源的价值。

但是，由于数据获得的局限性，国内关于教育资源与住宅价格的互动关系研究与国外相比仍然较为欠缺，关于教育资本化效应的国内研究尚有一定的提升空间。①研究对象有待补充。许多国内学者将研究重点聚焦于义务教育阶段的小学和初中，着重探索小学和初中对住宅价格影响的"学区效应"，而较少有研究深入探讨各个阶段教育资源的资本化效应，故而难以得到全面的结论。与小学、初中一样，幼儿园、高中和大学的资本化效应同样也是值得研究的。②研究区域有待扩大。一些实证研究采用一个城市少数城区的数据估计教育资源的资本化效应，如郑磊等（2014）采用北京市东城区和海淀区两个城区的样本，白星雨等（2017）采用北京市东城区的样本，张珂等（2018）采用北京市海淀区的样本，徐生钰等（2018）采用南京市鼓楼区的样本。还有一些研究主要通过比较个别学区之间的教育资本化效应的差异来探索教育资源对住宅价格的影响机制（王振坡等，2014）。事实上，这些研究得到的实证结果难以真实地反映城市层面的整体情况，因此很有必要采用全面的研究样本，以期更准确地探索教育资源的资本化效应。③实证结论有待深化。在研究教育资源资本化效应时，不能将其视为一座孤岛，而应结合经济、社会和政治等多方面因素进行全面分析。通过交叉融合不同学科的知识，结合城市经济学、城市地理学、计量经济学和城市管理与规划等领域的前沿进展，系统地分析实证结果，才能从根本上揭示教育资源资本化效应的形成及演变机理，并为政府有关部门提供来自学界的科学建议，最终促进教育资源的合理平等配置。

综上所述,有必要结合中国的教育制度、房地产市场和城市发展等因素,在已有文献的基础上继续深入探索城市教育资源对住宅价格的微观影响机制,以准确估计各阶段教育资源的资本化效应。

(3)现有教育资源资本化效应的研究框架有待深化和扩展

国内大部分学者在研究城市教育资源的资本化效应时,常常基于传统的特征价格理论,通过构建特征价格模型,得到教育资源对住宅价格影响的平均资本化作用。但是,采用诸如此类的单一研究框架可能会忽视教育资源资本化效应的其他重要属性。

①对教育资源资本化效应的动态演变跟踪不够。由于动态数据获取的困难,国内许多研究一般采用某一年度的截面数据估计城市教育资源对住宅价格影响的静态作用,因此研究结论缺乏全面性。实际上,教育资源、景观绿地等城市公共品对住宅价格的影响在不同的时间跨度上可能会出现差异(Livy,2017)。因此,有必要改善现有研究在数据上的局限性,通过扩大数据的时间跨度,揭示城市教育资源与住宅价格间的互动关系在时间维度上的波动情况,进一步分析其动态演变规律及外部驱动机制。

②对教育资源资本化效应在空间维度上的异质性分布重视不足。国外一些实证研究表明,包括城市公共品在内的一些住宅特征对住宅价格的影响存在空间异质性(Bitter et al.,2007;Nilsson,2014)。这些研究强调了空间异质性在住宅市场及估计城市公共品价值过程中的重要作用。但是,传统的特征价格分析框架假设住宅的各个特征变量的边际价格在整个研究区域内保持恒定,得到特征变量的一个全局平均资本化效应,而这可能与现实不符。实际上,由于空间维度上供给侧因素的差异、人们偏好与需求的不同等原因,教育资源等城市公共品的资本化效应通常是空间非平稳的(Jayantha et al.,2015)。忽视这种空间上的差异性,会引起回归模型解释能力的下降,得出有偏的估计结果。因此,需要加强空间维度的研究,从而揭示城市教育资源资本化效应的空间属性。

③对教育资源资本化效应在社会维度上的分异性关注不足。由于居住分异(residential sorting),不同家庭会依据经济能力和社会地位决定居住地点,从而产生了一系列住宅子市场(Rajapaksa et al.,2017)。一些实证研究表明,在不同住宅子市场中,人们对相同的住宅特征的需求水平和支付意愿有所不同(Freeman,1993),比如住宅面积(Zietz et al.,2008;King et al.,2014)、至公园和中央商务区(central business district,CBD)的距离(Liao et al.,2012)等。通常认为,高价的住宅由收入水平较高的家庭购得,而中低价住宅由经济能力一般的家庭购得。

由于我国就近入学的学区制度，居民可以通过购买拥有优质学区的住宅来获得更好的教育资源。高价住宅的购房者对各阶段教育资源的需求和支付意愿可能不同于中低价住宅的购房者，因此教育资源资本化效应在社会维度上表现出一定的分异性。遗憾的是，据笔者所知，国内外几乎没有与此相关的微观实证研究，无法定量分析我国教育资源的分配现状和不同社会阶层对教育资源的偏好等问题。由此可见，有必要进一步深化社会维度的研究，以探索教育资源公平配置的方法。

总体上，如何从时间、空间和社会多个维度探索教育资源资本化效应的异质演变机制，如何揭示我国城市教育资源配置中可能存在的问题（如空间非均衡性、分配不公平性）及其形成机理，如何探索解决这些问题的有效途径，都值得我们进行更深入的研究和思考。因此，有必要基于特征价格理论和城市公共品理论等理论基础，扩展和提升现有的理论研究框架，从而进行更深入、多方位的考察。

三、研究问题

据笔者所知，目前较少有研究基于中国特定城市探索城市教育资源对住宅价格影响的异质性演变机理。结合上述的现实背景和理论背景，本书试图解决下列研究问题。

①从全局—时间维度看，城市教育资源是否会显著影响住宅价格？各阶段教育资源的隐含价值分别是多少？若存在教育资源的资本化效应，那么它在不同时间跨度上分别呈现怎样的动态演变规律？为什么会形成教育资源的资本化效应？是什么原因导致教育资源资本化效应产生波动？

②从空间—时间维度看，教育资源的资本化效应在城市不同区域是否存在空间异质性？各阶段教育资源的空间分布规律分别如何？在不同时间跨度上，各阶段教育资源资本化效应的空间分布发生怎样的变化？教育资源资本化效应的空间分异及其演变的形成机理是什么？

③从社会—时间维度看，城市教育资源的资本化效应在住宅价格的所有条件分布上是否存在不同的影响？高、中、低价住宅的购房者对各阶段教育资源是否具有不同的偏好或支付意愿？在不同的时间跨度上，这种偏好或支付意愿呈现出怎样的动态演变？为什么会形成教育资源资本化效应在社会维度上的异质演变？

在中国特色的制度背景和发展模式下，这一系列关键问题尚未得到全面的探索。解答这些问题，有助于揭示城市教育资源对住宅市场的深层次微观作用机制，从而为促进城市教育资源的有效公平配置以及房地产市场的健康稳健发展提供理论依据和政策性建议，本书的研究目标和内容也将围绕这三个方面的问题展开。

第二节　研究目标、内容与概念界定

一、研究目标

由于数据获取的局限性,我国关于教育资源资本化效应的微观定量研究相比于西方国家仍然有所欠缺。为了弥补现有文献的不足,本书尝试进一步探索各阶段城市教育资源与住宅价格之间的微观互动关系,有以下三点研究目标。

①在理论层面,深入研究计量经济学、房地产经济学、城市经济学、城市地理学等经典理论,系统、全面地回顾总结国内外关于教育资本化效应的相关研究,以及城市公共品资本化效应的相关文献,构建估计教育资本化效应的理论分析框架,为实证研究教育资源的资本化效应并探索其空间异质性和社会分异性的微观演变机理奠定基础。

②在实证层面,基于中国典型城市杭州的住宅市场数据,利用特征价格模型、空间计量模型[空间滞后模型(SLM)和空间误差模型(SEM)]、地理加权模型(GWR)、空间分位数回归模型(SQR)以及地理信息系统(GIS)等模型方法,从时间、空间和社会三个维度深入揭示教育资源对住宅价格的动态异质性影响机制。

③在应用层面,总结城市教育资源对住宅价格影响的形成机制和系统成因,并对促进教育资源的公平、合理配置和促进房地产业的健康发展提出政策性建议。同时,也可为购房者做出购买决策、房地产开发商进行产品开发等提供借鉴。

二、研究内容

本书通过文献研究回顾、总结国内外关于城市教育资源和住宅价格之间互动关系的理论研究和实证研究,以杭州市六个主城区作为研究区域,选取合理的特征变量,从时间、空间和社会三个维度构建多个计量经济模型,深入研究城市教育资源对住宅价格影响的异质演变机制。本书主要包括以下六个方面的研究内容。

(1)国内外相关研究动态和最新研究进展的回顾

通过深入学习相关经典理论和广泛阅读国内外的理论与实证文献,把握特征价格理论、城市公共品理论和市场细分理论等理论基础的核心内容,系统、全面地梳理教育资源等城市公共品与住宅市场之间互动关系的相关研究动态和最新研究成果，并从研究框架、模型方法、实证结果等多方面比较和归纳已有的实证研究，据此奠定本书的分析基础。

（2）特征价格变量体系和理论研究框架的构建

在文献研究的基础上，从建筑特征、区位特征和邻里特征三个方面构建特征价格变量体系，进一步涵盖幼儿园、小学、初中、高中和大学一系列教育特征变量，并选取合理的教育特征变量体系。基于笔者和所在课题组已具备的资料，进一步收集、整理杭州市住宅市场的基本数据，补充、完善相关特征变量，为实证分析奠定基础。此外，通过特征价格模型、空间计量模型、地理加权模型和分位数回归模型等多个模型的组合，从时间、空间和社会三个维度构建理论研究框架。

（3）基于时间维度的教育资本化平均效应的动态实证分析

基于特征价格理论分析框架，利用杭州市主城区2007—2017年的住宅交易数据，分年度构建特征价格模型，实证研究各个阶段城市教育资源对住宅价格的全局平均影响及其动态演变规律。特别地，进一步利用空间计量模型，如SLM和SEM，控制由住宅价格的空间自相关性和邻里效应带来的影响，从而得到稳健、无偏的估计。

（4）基于空间维度的教育资本化效应空间分异的动态实证分析

大量已有文献主要关注教育资源等城市公共品的平均、全局资本化效应，忽视了其在空间维度上的异质性分布规律。因此，在得到教育资源对住宅价格的平均影响后，本书进一步分年度构建地理加权模型，探索教育资源资本化效应是否在空间维度上存在异质性，并结合GIS技术，将教育资源资本化的空间分布情况在地图上进行可视化表达，直观、翔实地剖析其空间异质性规律。同时，对比不同时间维度的模型结果，归纳教育资源对住宅价格影响的空间差异的动态演变，并初步分析其外部驱动机制。

（5）基于社会维度的教育资本化效应社会分异的动态实证分析

鲜有研究从社会维度考察教育资源资本化效应的分异规律。因此，本书通过构建各年度的两阶段空间分位数回归模型，检验在住宅价格的不同条件分布上，教育资源对住宅价格的影响是否存在异质性，从而揭示不同社会阶层或者不同收入水平的高、中、低价住宅的购房者对城市教育资源的偏好或支付意愿的差异。并且，结合不同时间维度的分位数模型回归结果，探索教育资源资本化效应社会分异的动态演变规律，并初步分析其形成机制。

（6）城市教育资源对住宅价格影响的异质演变机制的分析总结及建议

基于文献研究和杭州市的实证结果，总结城市教育资源资本化效应的全局动态演变机制和不同维度的分异演变模式。结合杭州市的城市发展、社会经济状况、房地产市场及教育政策背景等因素，进一步探讨、分析教育资源资本化效应及其分异性的形成机制，并为实现教育资源的合理公平配置和房地产业的平稳健康发展提供政策性建议。

三、概念界定

（1）特征价格

住宅作为典型的异质性商品，其价格形成机制复杂。由于住宅的复杂性、耐久性和固定性的特点，与一般的市场流通商品相比，影响住宅价格的因素众多。本书主要围绕单一城市内的住宅价格进行研究，因此，宏观社会经济变量（如生产总值、人均收入和人口数量等）并不是本书的研究重点。从微观层面来看，住宅价格主要由三大特征决定，即建筑特征、邻里特征和区位特征。建筑特征，是指住宅本身的属性，包括住宅面积、朝向、房间数、房龄和装修程度等；邻里特征，是指小区周边的配套服务，包括教育配套、绿化景观、运动设施和生活配套等；区位特征，是指小区所处地段的便利程度，包括至CBD的距离和公共交通便利性等。

根据Lancaster（1966）的新消费者理论，消费者对住宅等异质性商品的需求并非来源于商品自身，而是其所包含的效用的组合。不同商品效用大小的差异则由其拥有的特征数量决定。也就是说，商品内部不同特征的组合最终决定了价格差异。特征价格（hedonic price）又称享乐价格，衡量的是各个住宅特征带给消费者的效用大小，由于其难以通过市场交易直接测量，又常被称为隐含价格。异质性商品的价值可以分解为一系列特征的效用组合，即可以用一系列特征价格来描绘商品的价值组成。

（2）资本化效应

资本化效应最初较多被应用于会计和金融领域，是指商品或者资产的成本包括在其价值当中，并在其使用寿命内支销。这一概念同样也被应用于城市经济学和区域经济学等领域中，描述城市公共品等特殊商品的金融属性。Tiebout（1956）提出的"用脚投票"理论指出，居民会根据城市公共服务的质量决定其居所，做出购房决策。购买住宅对于购房者而言，不仅是一项消费行为，也是一项投资行为。他们会考虑多方面的因素，根据建筑特征、工作地点以及对不同城市公共品的偏好(比如住宅周边的教育配套、医疗配套和公共交通服务等)确定居住地点。城市公共品配置水平的提高可以改善该区域居民的生活条件和居住满意度,并能够为居民节省部分生活支出,因此对该区域的住宅价格有一定的增值作用。由此可见,城市公共品可以通过住宅市场进行配置,与居民家庭进行匹配。公共品的数量或质量在一定程度上体现在了住宅价值当中,这一过程即描绘了城市公共品的资本化效应。在一些研究中,资本化效应的程度被称为资本化率。

基于显示性偏好理论(revealed preference theory),可以根据房地产市场这个有形市场,通过住宅价格和居民的选址行为来推测不能在市场中被直接交易的城市公共品的隐含价值。Oates(1969)实证探索了地方税收和城市公共品与住宅价格之间的关系,验证了 Tiebout 理论并证实城市公共品能增加住宅的价值,即存在显著的城市公共品资本化效应。近年来,越来越多的国内外学者开始利用住宅价格探索城市公共品的价值。

(3)异质性

异质性(heterogeneity)是统计领域常用的概念,与同质性(homogeneity)相对。同质性描述的是对象在各个方面保持高度的一致性,若某个方面表现出明显的不一致,则称之为异质性。对于传统的特征价格模型,通常通过 OLS 估计得到各个特征变量的条件均值回归系数,即得到一个特征价格。与此相对应,本书关注的异质性是指某些特征变量的特征价格可能在某些维度上非恒定,表现出特殊的变化规律。

空间异质性就是较为典型的例子,是指由不同空间位置的样本点之间的结构不稳定关系引起的观测值非同质现象。若一些特征变量在所有空间区域均表现出相同的隐含价值,则称之具备空间平稳性。而由于地理禀赋以及社会、经济等因素的差异,一些特征变量可能在不同空间位置对住宅价格产生不同的影响,存在非恒定的隐含价格,即所谓的空间异质性。通过估计这些变量在不同样本点上的回归系数,可以揭示这一空间异质性的具体规律。

同理,不同消费群体对于城市公共品等住宅特征变量的需求或者偏好不同,因此,某些特征变量的隐含价格在不同子市场之间存在差异,即本书关注的另一种异质性——社会异质性。当不同社会阶层或者收入水平的消费群体的行为或偏好表现出显著的差异时,则需要考虑全部条件分布的影响,而不仅仅是条件均值的影响,进而揭示出资本化效应在社会维度上的异质性规律。

第三节 研究方法与技术路线

一、研究方法

本书基于城市经济学、房地产经济学以及城市地理学等领域的相关基础理论方法,考察城市教育资源资本化效应的异质演变机理,主要运用了以下研究方法。

(1)文献研究

首先,广泛、大量地查阅国内外相关文献,掌握计量经济学、城市经济学以及城市地理学等领域的经典理论;其次,跟踪国内外关于教育资源等城市公共品对住宅价格影响的研究进展和最新发现,并对比国内外相关文献的异同;最后,归纳总结出相关的理论研究基础、研究分析框架、实证方法和研究发现等,为本书的规范分析和实证研究奠定基础。

(2)规范分析

对特征价格理论、城市公共品理论等理论基础进行规范分析,剖析特征变量体系的设计思路和实证模型的构建方法,并结合国内外相关实证研究,初步分析教育资源等城市公共品对住宅价格影响的微观作用机制,提出探索教育资源资本化效应及其分异演变机制的相应研究问题。

(3)问卷调查

通过对杭州市主城区内的大量住宅小区进行实地问卷调查,补充、完善实证数据,并掌握有关住宅小区样本的邻里特征,比如小区环境、配套设施等,并科学量化教育特征变量,形成一套完整的特征价格变量体系。

(4)统计分析和计量经济模型

利用 SPSS、OpenGeoda、GWR4、ArcGIS、Stata 和 MATLAB 等统计软件进行实证分析。首先,构建不同时间序列上的传统特征价格模型,得到教育资源的平均资本化率及其动态演变规律;其次,运用空间计量模型(SLM 和 SEM)对基础模型进行优化,充分考虑住宅数据的空间属性;再次,构建各年度的地理加权回归模型,并利用地理信息系统将其在地图上进行可视化展示,从而得到教育资源资本化效应在空间上的异质分布及演变规律;最后,构建各年度的两阶段空间分位数回归模型,探索在住宅价格的不同条件分布上,教育资源对住宅价格影响的社会分异性。

(5)系统分析

基于文献研究和实证研究,归纳、总结城市教育资源资本化效应的异质演变规律,系统地分析其作用机理和形成机制,并讨论教育均衡化和均等化进程的未来实施路径,从而为实现教育资源的平等优化配置和房地产市场的健康发展提出政策性建议。

二、技术路线

本书采用的技术路线如图 1.1 所示。

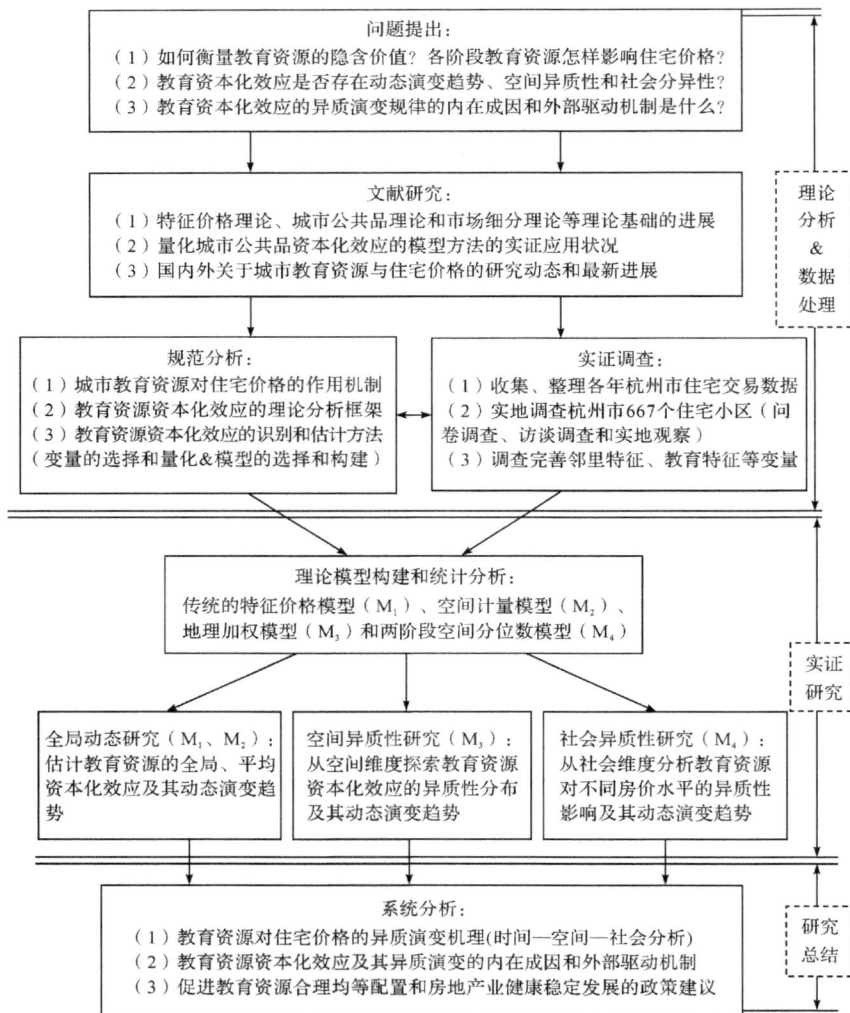

图 1.1　本书采用的技术路线

第四节 研究创新与章节安排

一、研究创新

(1)运用大数据定量估计各阶段城市教育资源的隐含价值

尽管中国学者逐渐开始探索城市教育资源与住宅价格间的互动关系,但许多国内研究主要关注小学和初中对住宅价格影响的"学区效应",并较多采用某个年度的横截面数据估计教育资源的静态资本化率。为了弥补现有文献的不足,本书收集了2007—2017年共计11年的翔实的微观大数据,科学测度了各个阶段的教育资源变量,构建了系统的特征变量体系。在现有文献的基础上,深入对比研究幼儿园、小学、初中、高中和大学对住宅价格的影响,并实证检验了各阶段教育资源资本化效应的动态演变规律。本书的实证结果有助于客观了解各阶段教育资源的隐含价值及其演变情况,得到更为丰富的研究发现。

(2)采用多维度的理论分析框架深入探索教育资源资本化效应的异质演变

大部分现有文献主要基于特征价格分析框架构建模型,得出教育资源等城市公共品对住宅价格的全局、平均影响。然而,由于供给侧、需求侧等因素的空间不平稳性,教育资源的资本化效应可能存在空间差异;并且,基于居住分异理论,社会阶层和收入水平的差异可能引起教育资源资本化效应的社会分异性。许多采用单一的特征价格分析框架的研究常常忽视了这些异质性特点,无法真实反映城市教育资源对住宅价格的深层次作用机制,可能得到有偏的估计结果和不适用的对策建议。因此,本书借鉴并发展了现有的理论分析框架,通过计量经济学、房地产经济学、城市经济学和城市地理学等不同学科之间的交叉分析,创新地从时间、空间和社会三个不同维度切入,提出了一个探索城市公共品资本化效应的多维度研究框架。在现有文献的基础上,重点研究城市教育资源资本化效应的多维度异质性作用(空间异质性和社会分异性),并结合时间维度的实证分析深入研究城市教育资源对住宅价格影响的异质演变机制。本书的理论研究框架有利于获得新的研究发现,从而丰富中国现有的关于城市公共品与住宅价格的文献研究。

(3)结合多种计量经济模型和统计分析工具实证检验教育资源资本化效应

已有文献常常利用传统的特征价格模型进行实证分析,未能充分结合和运用许多前沿的计量方法。本书基于时间—空间—社会的多维度理论分析框架,运用多种分析方法，比如特征价格模型、空间计量模型（SLM 和 SEM）、地理加权模型、空间分位数回归模型以及地理信息系统等，全面探索教育资源的资本化效应。本书着重控制了住宅价格的空间属性并试图探索教育资源资本化效应的异质性特点。一方面，运用 SLM 和 SEM 控制住宅价格的空间自相关性和邻里效应等问题的影响，优化传统的特征价格模型；另一方面，结合地理加权模型和空间分位数回归模型，探索教育资源资本化效应在空间维度和社会维度上的异质性分布。此外，运用地理信息系统将地理加权模型结果进行可视化展示。总的来说，本书的研究方法具有系统性和前沿性。

二、章节安排

本书主要包含七章，各章的主要内容简介如下。

第一章，绪论。从实践和理论出发梳理研究的背景，提出本书的研究问题，阐述本书的研究目标、内容、研究方法与技术路线，以及研究创新与章节安排。

第二章，理论基础和研究进展。系统地梳理相关经典的理论基础，回顾衡量城市公共品资本化效应的模型基础。大量阅读国内外关于城市教育资源与住宅价格的理论和实证研究，分析教育资源的衡量方法，探讨估计教育资本化效应的理论难点与应对方法，并归纳总结有关教育资本化效应的研究进展和最新发现，为实证研究奠定基础。

第三章，数据的获取与量化。介绍杭州市的教育背景情况，阐述本书的研究区域、实证数据的来源及变量的选取和量化方式，并结合杭州市的具体情况，构建理论分析框架和特征变量体系。

第四章，教育资源资本化的平均效应：基于时间维度的整体分析。通过模型比选确定最优的函数形式及合理的教育特征变量体系，利用 2007—2017 年的数据，分别构建各年度的传统特征价格模型和空间计量模型，估计杭州市各阶段教育资源的全局资本化效应及其动态演变趋势。

第五章，教育资源资本化效应的空间异质性：基于空间—时间维度的动态演变。构建各年度的地理加权模型，验证各阶段教育资源的资本化效应在空间上是否存在异质性，并结合地理信息系统，在地图上将教育资源资本化效应的空间分布规律进行直观展示。同时，进一步从时间维度分析教育资源资本化效应空间异质性的动态演变规律。

第六章，教育资源资本化效应的社会异质性：基于社会—时间维度的动态演变。构建各年度的两阶段空间分位数回归模型，考察各阶段教育资源对住宅价格的影响在不同房价水平上是否存在差异，从而揭示教育资本化效应在社会维度上的异质性以及不同社会阶层对教育资源的偏好和支付意愿。同时，从时间维度探索教育资源资本化效应社会异质性的动态演变趋势。

第七章,总结与展望。首先,归纳总结实证研究得出的主要结论,结合杭州市具体的教育政策背景、社会经济情况和房地产市场等因素;其次,探讨教育资源资本化效应的异质演变规律的形成机制,并为实现教育资源的优化配置和教育均等化目标提出政策性建议;最后,概括本书的主要贡献与意义,分析本书的不足以及对未来研究的展望。

本书的章节安排如图 1.2 所示。

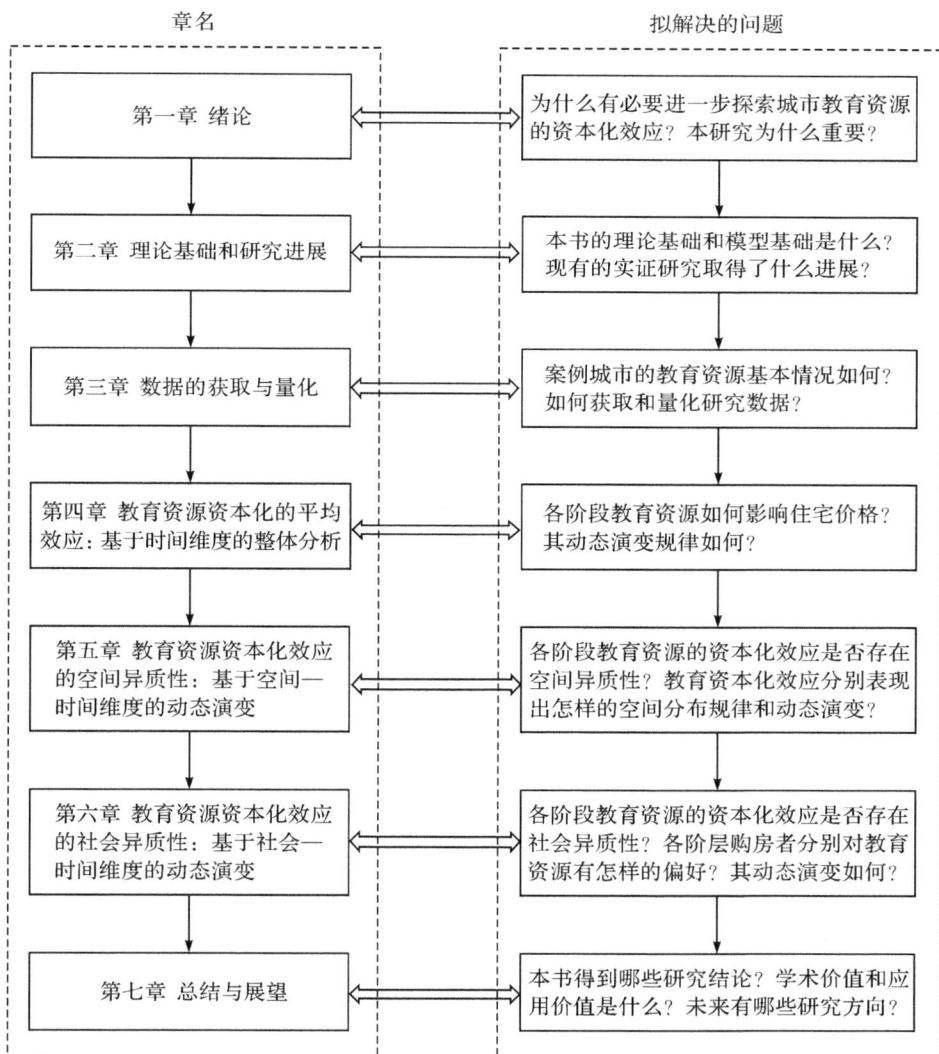

章名	拟解决的问题
第一章 绪论	为什么有必要进一步探索城市教育资源的资本化效应? 本研究为什么重要?
第二章 理论基础和研究进展	本书的理论基础和模型基础是什么? 现有的实证研究取得了什么进展?
第三章 数据的获取与量化	案例城市的教育资源基本情况如何? 如何获取和量化研究数据?
第四章 教育资源资本化的平均效应:基于时间维度的整体分析	各阶段教育资源如何影响住宅价格? 其动态演变规律如何?
第五章 教育资源资本化效应的空间异质性:基于空间—时间维度的动态演变	各阶段教育资源的资本化效应是否存在空间异质性? 教育资本化效应分别表现出怎样的空间分布规律和动态演变?
第六章 教育资源资本化效应的社会异质性:基于社会—时间维度的动态演变	各阶段教育资源的资本化效应是否存在社会异质性? 各阶层购房者分别对教育资源有怎样的偏好? 其动态演变如何?
第七章 总结与展望	本书得到哪些研究结论? 学术价值和应用价值是什么? 未来有哪些研究方向?

图 1.2 本书的章节安排

第二章　理论基础和研究进展

本章梳理了相关理论基础,分析了教育资源的衡量方法,探讨了测度教育资本化效应的理论难点与应对方法,并归纳总结了有关教育资本化效应的研究进展和最新发现,为后文的实证研究奠定了基础。

第一节　理论基础

一、城市公共品理论

城市公共品是政府与百姓间的重要纽带,一直以来受到经济学家的广泛研究与关注。Adam Smith(亚当·斯密)指出,政府的职能之一就是提供个人不愿承担的、可能产生亏损的城市公共设施或者公共服务。几个世纪以来,城市公共品的研究经过了如李嘉图、帕累托和凯恩斯等著名经济学家的探索。1954年,Samuelson(1954)将城市公共品的含义界定为"任何一个人对其消费都不会使得其他人对该物品的消费减少"。典型的城市公共品有消防设施和路灯等。Samuelson认为,由于公共品的不可分割性,每个消费者对某公共品的消费数量相等,并且等于该公共品的总量。相对地,纯私人物品的总量等于每个消费者对其消费的数量之和。对公共品的这个定义强调了城市公共品的非排他性和非竞争性。非排他性是指公共品的提供不宜将任何一个人排除在受益范围之外(即使是那些不愿意为其消费的人),具有较高的排他成本和不可拒绝性;而非竞争性则是指某个人消费的数量不会影响其他人消费的数量。公共品的非排他性的产生在一定程度上源于伦理因素和法律因素,而非竞争性产生的原因则是消费者之间没有敌对心理。

但是,Samuelson提出的城市公共品定义是以20世纪凯恩斯主义指导下的国家干预经济为背景的,因此许多自由主义经济学家质疑,在没有政府大量干预的市场经济下,公共品的供给可能有所不足,而现实中具有严格的非排他性和非竞争性的物品非常有限。据此,Samuelson 提出的定义被认为适用于纯公共品,而与之相对,准公共品的概念得以提出。由于准公共品的供给小于居民的需求,并且居住在不同区域的居民对同一公共品具有不同的消费意愿(由距离远近等因素引起),因此这类公共品不具有严格的非竞争性或非排他性特征。公办学校就是典型的准公共品的代表之一。政府为不同学校划分学区,一定学区内公立学校的供给数量和容纳能力有限,但居民可以在不同区域之间自由迁移,因此优质教育服务的供给可能会越来越小于需求。出于对优质教育资源的强烈需求,一部分居民会搬迁至优质学区,从而推高该学区内的住宅价格,这导致部分学校出现严重的"拥挤问题",从而无法为学区内的所有适龄儿童提供入学机会。

但是,与普通流通商品不同,城市公共品不能在市场中进行交易,因此其价值是非市场价值,难以直接衡量(温海珍等,2004)。为了帮助政府决定新增公共品供给的结构和政策的发展方向,首先必须对城市公共品的效益与价值进行定量估计。Tiebout(1956)的"用脚投票"理论为定量估计城市公共品的价值奠定了基础。他首先对所有公共品进行了区分,一类是全国性公共品,而另一类是地方性公共品。他认为 Samuelson 的理论适用于全国性公共品,但并不适用于地方提供的公共品。因此,Tiebout 提出了"用脚投票"理论,即人们可以根据公共服务质量的高低决定居住地,通过购买房屋的行为体现对城市公共品的偏好。他们可以在不同社区间自由迁移,从而定居在那些可以满足自己偏好组合的社区内。偏好相似的居民聚集到相同区域,每个社区对公共品的消费和公共品的供给数量逐渐达到了平衡,因而实现了公共品的有效最优配置。虽然 Tiebout 的理论具备一些理想化的前提条件(如迁移不受工资收入、制度性壁垒等因素约束),但提供了一个全新的定量研究城市公共品的视角。我们可以认为,在一定程度上,公共服务的质量影响着人们的购房决策,最终造成了城市住宅价格的差异化。换句话说,城市公共品的价值在一定程度上体现在住宅价格中,因为购房者愿意为优质的公共资源支付一定的额外价格,他们对公共资源的这种偏好推动了对周边住宅的需求。这一理论使得利用房地产交易数据来估计城市公共品的隐含价格成为可能,从而有助于简单有效地估计城市公共品的隐含价值。

许多西方学者以城市公共品理论为基础,研究了教育资源对住宅价格的影响。Oates(1969)率先利用纽约市的横截面住宅交易数据,通过实证分析验证了 Tiebout 的模型,发现城市公共服务已资本化入住宅价格当中。Nguyen-Hoang 等(2011)总结了 1999—2010 年教育资源资本化效应的相关研究,发现研究结果具有一致性,即教育质量对住房价格存在显著的资本化效应。其中绝大部分研究对象是西方发达国家的住房市场，而针对发展中国家的类似研究较为有限。中国现有的城市公共品资本化研究大多聚焦于地铁轻轨（郑捷奋等，2005；张红等，2007）、交通枢纽（石忆邵等，2010）、公园绿地（石忆邵等，2009）等对住宅价格的影响，由于数据获取的难度较大，针对城市教育资源资本化的研究相对不多，有待进一步探索与深化。

二、特征价格理论

近年来，中国的住宅价格波动显著，一些一、二线城市的住宅价格时常出现非理性上涨。高升的房价引起了政府、学者等多方的关注。因此，需要采用科学的方法对住宅价格进行解构分析。为了估计商品的价值，特征价格模型（hedonic price model）得以提出。特征价格模型又称享乐价格模型，早在 20 世纪初就被西方学者广泛应用于确定各类异质性商品的各个特征变量的隐含价格，其理论基础来源于 Lancaster(1966)的新消费者理论与 Rosen(1974)的供需均衡模型。Lancaster 提出，难以用一个价格来表示商品的价值，而应该用一系列决定该商品效用和需求的不同特征的价格来表示。而 Rosen 提出的供需均衡模型使得特征价格模型的建模、隐含价格的估计得以实现。他证明了异质性商品在完全竞争市场中存在短期均衡与长期均衡，而其价值取决于各个特征的效用集合。根据 Rosen 的理论，许多学者基于计量经济学方法，利用回归分析等技术完善了特征价格模型。1967 年，Ridker 等(1967)首次利用特征价格理论研究空气污染与住宅价格之间的关系。在他之后，经过多年尝试与完善，如今特征价格理论在房地产市场上的应用已较为普遍(Jim et al.,2006)。

传统的特征价格理论将住宅价格表示为由建筑特征、邻里特征以及区位特征组成的函数。住宅价格的构成如式（2.1）所示，可利用计量经济学的方法进行回归分析，确定各个参数的估计值，即各个特征的隐含价格，从而直观地反映住宅价格的形成机制。

$$P = f(S, N, L) \tag{2.1}$$

其中，P 表示住宅价格；S 表示建筑特征；N 表示邻里特征；L 表示区位特征。

特征价格模型有多种函数形式，包括线性形式（linear）、对数形式（log-log）、对数—线性形式（log-linear）以及半对数形式（semi-log）。至今还未形成一套理论方法来检验哪种函数形式最为适用。大多数学者凭借经验选用一种函数形式，通过不断地试验与改进，尽可能准确地表达自变量与因变量之间的关系。不同形式的特征价格模型中待估计参数的含义也不同，四种特征价格模型的函数形式如表 2.1 所示。

表 2.1 特征价格模型的函数形式

函数形式	模型设置
线性形式(linear)	$P = a_0 + \alpha_i S_i + \beta_j N_j + \gamma_k L_k + \varepsilon$
对数形式(log-log)	$\ln P = a_0 + \alpha_i \ln S_i + \beta_j \ln N_j + \gamma_k \ln L_k + \varepsilon$
对数—线性形式(log-linear)	$\ln P = a_0 + \alpha_i S_i + \beta_j N_j + \gamma_k L_k + \varepsilon$
半对数形式(semi-log)	$P = a_0 + \alpha_i \ln S_i + \beta_j \ln N_j + \gamma_k \ln L_k + \varepsilon$

a_0 为常数项;α_i,β_j 和 γ_k 为待估计参数;ε 为随机误差项。

三、市场细分理论

市场细分理论的首次提出是为了帮助企业在激烈的竞争中脱颖而出,抢占市场。该理论在当时的市场营销界引起了较大关注。自此以后,大量学者基于市场细分理论进行企业销售策略分析,也有许多理论研究对这一理论进行了深化与发展(Boone et al.,2002)。市场细分理论从消费者的行为模式出发,根据消费者表现出的不同需求和特点,对他们进行深入细分,通过把所有消费者划分为具有相似心理、行为和决策特征的几类购买群体,对其进行针对性的研究。研究表明,不同细分市场之间的消费者特征的差异不容忽视,对细分市场的识别能提高理论和实践分析的效率。

市场细分理论的划分标准众多,各有优势。在早期,由于社会群居现象较为普遍,学者常基于地理因素划分,根据地理辖区细分市场,即认为居住在相邻地区的居民具有类似的消费特征。随着城市的发展和社会经济的进步,居住地不再是划分细分市场的唯一依据,近年来划分依据大多转移至消费者心理因素、购买行为和生活方式的差异上,从需求、个性化以及价值观等角度进行市场细分。

根据市场细分理论的基本思路,住宅消费者同样具有不同的需求、动机和决策行为,对居住质量、居住环境和居住区域等因素的不同偏好可能会造成住宅细分市场的出现。根据特征价格理论,住宅价格由许多特征的效用综合构成,购房者对各个特征的需求组合是其做出购买决策的主要依据(刘洪玉等,2006)。自然地,对某些特征具有同质需求的消费者聚集到一起,形成了不同的住宅子市场(Kaoko,2004)。总的来说,住宅市场作为一类特殊的商品交易市场,同样适用市场细分理论。Straszheim(1974)首次证实了不同的住宅细分市场的存在,通过对美国洛杉矶的实证研究发现,的确存在根据地理位置划分的住宅子市场,对不同的细分市场分别进行特征价格模型的拟合可以改善实证模型的拟合优度并得到不同的结果。换句话说,相同的住宅特征在不同的住宅细分市场中具有不同的隐含价值,这就证明了不同细分市场中购房者的异质性需求与偏好。因此,市场细分在住宅市场中的重要性不容忽视。

住宅市场的细分标准与普通商品市场相似,较多地从地理区位或人口统计因素入手。根据住宅所处的行政区位划分不同的细分市场是较为通用的做法(Michaels et al.,1990),可用于研究对居住区位具有不同偏好的购房者的行为模式。也有文献根据住宅的不同特征进行市场细分。温海珍等(2006)根据建筑类型(多层住宅或高层住宅)和产权性质(商品房或者房改房)对杭州住宅市场进行细分,通过 Chow 检验实证证实了不同细分市场的统计性差异,验证了这两种细分标准的合理性。

理论和实证研究均表明,在住宅市场中利用市场细分理论能更深入、准确地揭示住宅市场的深层次特点,并可以通过住宅市场数据探索城市居民的行为偏好模式,具有十分重要的意义。本书的分析研究思路基于市场细分理论展开。我们认为住宅市场存在着许多不同的住宅子市场,由于供给侧和需求侧因素的差异,在不同住宅子市场中可能会观察到不同的教育资源资本化效应。一方面,由于不同地理空间上教育资源供给数量和质量的差异,或者由于居住在不同地区的居民对教育资源偏好的差异,教育资源的资本化效应可能在依据地理区位划分的细分市场中表现出一定的异质性;另一方面,由于购买不同价位住宅的购房者对教育资源的需求或偏好的差异,教育资源的资本化效应在以住宅价值高低为依据划分的细分市场中存在一定的异质性。因此,本书将在特征价格模型的基础上运用地理加权模型和分位数回归模型,通过估计各阶段教育特征变量在不同空间位置上或者在住宅价格不同条件分布上的回归系数,探索教育资源资本化效应的空间异质性和社会分异性,同时有效避免人为划分住宅子市场可能带来的截断问题,并得到可靠的回归结果。

第二节　模型基础

一、特征价格模型

特征价格模型是间接估计教育资源等特征变量的隐含价格的常用方法。根据 Tiebout(1956)的"用脚投票"理论,居民会根据住宅周边公共服务的质量决定自己的居住地,而由于就近入学的学区制度,教育资源间接地与居民的居住地捆绑,从而与住宅市场存在一定的互动关系。近年来,学区房的概念逐渐流行(张杰,2010),许多购房者愿意为优质的教育资源支付一定的附加费用,这导致教育资源的价值在一定程度上资本化入城市住宅价格中,使得利用住宅交易数据研究教育资源的价值成为可能。传统的特征价格模型通过控制其他建筑特征、区位特征以及邻里特征,能有效剥离出某一特征变量的隐含价值,得出教育资源等特征变量对住宅价格的影响(Brasington et al.,2009;贾生华等,2004;刘洪玉等,2007;张燕,2016)。

如前文所述,特征价格模型具有许多不同的函数形式。许多研究表明,不同形式的特征价格模型各有优势,特别是线性模型和对数模型。Goodman(1979)研究发现,线性形式的特征价格模型具有许多优点,比如线性假设中的各个特征变量的回归系数即为"影子价格",以及这一函数形式在估计住宅各个特征的需求弹性时有很强的适用性。因此,线性形式的特征价格模型常被运用于估计特征变量与住宅价格之间的互动关系(Zheng et al.,2016;Mathur,2017)。但是,在线性模型中,增加一个单位的某一特征变量为住宅带来的附加价值始终是恒定的。举个例子,线性假设中增加一间卧室对于原有一间卧室的住宅和原有三间卧室的住宅所带来的增值效应是一样的,而这显然不符合现实。相比于线性模型,对数形式的特征价格模型更能考虑到这一差异性。此外,对数模型的回归系数也像线性模型一样易于解释,即表示解释变量1%的变化带来被解释变量的百分比变化。Malpezzi(2002)指出,对数形式的特征价格模型还有许多优点,比如能缓解异方差性的影响、简化计算过程等。Nguyen-Hoang 等(2011)回顾总结了 1999—2010 年关于教育资源资本化效应的 50 篇文献,发现其中 43 项研究都采用了对数形式的特征价格模型,这说明了这一函数形式的可靠性与通用性。近年来,较多研究表明,对数形式的特征价格模型有较强的拟合优度和解释能力(Yi et al.,2017;Legower et al.,2017;Wen et al.,2017b)。

遗憾的是,尚未形成选择最佳函数形式的科学严谨的理论方法。大部分现有文献主要阐述了包含各个住宅特征变量的函数模型结果,较少讨论模型的函数形式设定和变量选择等问题。然而,特征价格模型的函数形式在一定程度上决定了特征变量如何影响住宅价格,不同函数形式计算得到的回归结果存在一定的差异性,需要经过严谨的分析和比较后才能做出选择。如何确定最为合适的函数形式,一直是学者讨论的焦点问题。Yinger(2009)指出,由于特征价格模型是一个包络函数(envelope function),因此它的函数形式可以被精确地推导。Yinger 提出了一个标准形式的居住分异(residential sorting)模型,但是由于操作较为复杂,较少有学者根据这一理论确定特征价格模型函数形式。常见的确定模型函数形式的方法是模型比选,从而应对函数形式不同带来的估计结果差异问题。通过建立具有不同函数形式的模型，比较不同模型的拟合优度、变量显著性情况等因素，最终确定最佳的函数形式。许多特征价格实证研究在选择函数形式时常常采用这一方法（孙斌艺，2008；温海珍等，2011；褚露虹，2018）。这一方法通过对比不同函数形式的特征价格模型，筛选出几个模型中具备较高解释能力的最佳模型，具备一定的有效性。

鉴于特征价格模型的便捷性与可靠性，许多国内学者利用它来估计城市教育资源的资本化效应。郑磊等（2014）利用北京市极好或好口碑的学校作为教育质量解释变量进入特征价格模型，探索教育质量的隐含价值。研究发现，公共教育质量在一定程度上资本化入一定范围内的住宅价格中，好或极好口碑的学校会为附近住宅带来 7%～13% 的溢价。石忆邵等（2014）试图研究上海市学区房价格的影响机制，通过构建特征价格模型，发现所有学校因素对住宅价格的总影响约为 20.63%，学校的等级越高、排名越靠前或距离重点小学和初中越近，学区房的价格就越高，而教育特征变量中重点小学对住宅价格具有最显著的影响。洪世键等（2016）利用特征价格模型对厦门市的住宅市场进行了实证研究，揭示了教育质量与住宅价格之间的正相关关系。研究发现，小学质量每上升一个等级，其学区内房价上涨 1.7%；厦门大学为周边 2km 范围内的住宅带来了 1.9% 的溢价。

同样地，许多国外的研究也采用特征价格模型得到了一致、可靠的结论。Brunner 等（2011）利用特征价格模型和边界固定法发现，25 年来美国的教育改革引起的每个学生支出的变化被资本化入住宅价值中，资源均等化导致住房价值溢价趋同，并且学区房价格溢价趋同是学区质量下降的结果。Farrari 等（2013）利用传统的特征价格模型发现，英国谢菲尔德市的学校表现和住宅价格之间存在显著的正相关关系，并且孩子就读的学校与住宅价格之间的关系比最近的学校更加显著。他们还指出了房价增值和上下学通勤之间的关系：房价越高，这里的学生越愿意走路或骑车去最近的学校上学。Hansen（2014）将家长的受教育程度也囊括到特征价格分析框架中，发现在英国，受过高等教育的家长为了确保孩子能获得更好的受教育机会，愿意为优质的学校支付更多费用，并在孩子达到适学年龄前就搬家。Bae 等（2013）利用传统的特征价格模型实证发现，在韩国首尔，学校质量能够显著提高城市住宅价格，学校每多一位考入首尔大学的学生，相邻的住宅价格将上升 1.73%。他们根据 Rosen 的两阶段分析框架指出，学校质量的隐含价格、家庭收入以及家长的教育水平是决定教育需求的重要因素。

传统的特征价格模型可能存在遗漏变量的问题。Black（1999）尝试不将建筑特征回归纳入特征价格模型中，发现得到的考试成绩的系数与之前考虑建筑特征时一致，因此提出相邻住宅间的建筑特征差异不大，从而推断出其余不可观测变量也无较大差异。但 Clapp 等（2008）通过对比考试成绩变量的系数发现，像 Black 那样遗漏不可观测的变量，会高估考试成绩对住宅价格的影响。

现有的大部分利用特征价格模型的研究通过考虑尽可能多的特征变量来避免遗漏关键变量的问题。在现有的住宅市场分析框架中，学者们常常将影响住宅价格的因素分为建筑特征、区位特征以及邻里特征三大类。住宅面积、总楼层、所在楼层、房龄、朝向、卧室数目、卫生间数目、容积率等特征常被当作住宅的建筑特征纳入模型。一些西方学者的研究还将是否有游泳池、车库、私人花园、洗衣房等建筑特征纳入解释变量；至 CBD 的距离和所在城区的虚拟变量常常被当作区位变量纳入模型，以控制行政区划或者某些历史因素对住宅价格的影响。除此之外，交通的便捷性也是学者考虑较多的区位变量，包括地铁站的可达性（Bae et al.，2013；Zheng et al.，2016；Yi et al.，2017）、高速公路的可达性（Sah et al.，2016）等。现有文献考虑了许多邻里因素，最为普遍的即是景观的邻近性，比如绿地（Mansfield et al.，2010；Kong et al.，2007）、公园（Bolitzer et al.，2000；Troy et al.，2008）、湖景（Mahan et al.，2000）、运河（Wen et al.，2017c）等舒适性景观。此外，垃圾填埋场（Hirshfeld et al.，1992；Hite et al.，2001）和城中村（Chen et al.，2010）等非舒适性景观也被一些研究纳入特征价格分析框架。还有一些教育资本化的研究在特征价格模型中控制了人口统计变量、家庭经济变量等因素（Feng et al.，2013；Ferrari et al.，2013；Liebowitz et al.，2014）。特别地，一些西方学者在研究教育资本化时还控制了学生的人口统计数据。这些变量可作为教育特征变量被纳入模型，也可被视为邻里变量（Nguyen-Hoang et al.，2011），比如学生的人种构成（Zahirovic-Hebert et al.，2008）、经济困难学生的比例（Zahirovic-Hebert et al.，2008）等。

二、空间计量模型

现有的大多数研究往往假定城市住宅价格之间是相互独立的，忽视了空间效应的存在，因此可能得到有偏的估计结果。实际上，住宅价格可能存在空间效应，比如空间自相关性和空间异质性。早在 1979 年，Paelinck 等（1979）就提出了空间相互依赖作用，并强调了邻近空间的解释变量的重要性。Anselin（1988）指出，传统的特征价格模型由于忽略了住宅的空间固定性，有可能导致有偏的、无效的或不一致的参数估计值。空间自相关性是空间效应的一个重要部分，是住宅市场价格决定机制的间接产物。这一空间现象是指某一住宅的价格不仅仅由它自身的特征变量决定，还受到相邻住宅的价格或相邻住宅的特征变量的影响。根据地理学第一定律，任何相邻的住宅在空间上都可能存在相关性，距离越近的住宅之间的相互影响会比距离较远的住宅更为显著。并且，相邻住宅价格的误差项之间也可能存在空间相关，这是由于误差项当中反映的未观测到的变量之间在空间上存在一定的相关性。Fingleton(2006)指出，尽管许多文献关注了住宅交易数据的空间滞后效应，仍有很大一部分的残差项之间的自相关性未被解释。Fingleton采用空间滞后模型、空间误差模型和空间杜宾模型等空间计量模型实证发现，住宅价格间存在显著的空间滞后效应和残差空间自相关效应，并且空间计量模型能够显著提升普通最小二乘回归的拟合程度。

近年来，城市住宅价格的空间自相关性被越来越多的学者证实(Brasington et al.，2009；Hui et al.，2016)。空间计量模型作为计量经济学的一个重要分支，能有效处理区域经济模型中空间因素所导致的特殊性质(Anselin，1988；沈体雁等，2010)，由于其有效性和稳健性，常被用于处理住宅价格的空间自相关性问题。近30年来，空间计量模型发展迅速，在社会科学领域得到了广泛应用(Anselin，2002；LeSage et al.，2009)。在房地产领域，一些学者采用空间计量技术对特征价格模型进行优化(Dubin，1998；Militino et al.，2004；Osland，2010；Wen et al.，2014b)。

空间计量的分析原理显示，检验原始数据的空间效应往往是建模分析的首要步骤。常见方法有莫兰(Moran's I)指数法、拉格朗日乘子(Lagrange multiplier，LM)检验以及似然比(likelihood ratio，LR)检验。较多学者采用莫兰指数法检验数据的空间关系(何晓燕，2018)。莫兰指数 I 通过OLS估计和非线性优化得到，其计算便捷，使用广泛，如式(2.2)所示。

$$\text{Moran's } I = \frac{n}{\sum_{i=1}^{n}\sum_{j=1}^{n}W_{ij}} \frac{\sum_{i=1}^{n}\sum_{j=1}^{n}W_{ij}(y_i - \overline{y})(y_j - \overline{y})}{\sum_{i=1}^{n}(y_i - \overline{y})^2} \quad (i \neq j) \tag{2.2}$$

其中，W_{ij} 为空间权重矩阵 $\boldsymbol{W}$ 的元素。I 在(-1,1)中取值，若其取值大于零，则表示空间单元之间存在正相关关系；若其取值小于零，则表示空间单元之间存在负相关关系；当其取值接近零时，表示相邻空间单元并无显著的空间自相关性。莫兰指数由于其直观性与便捷性，被较多实证研究所采用。Wen等(2017b)在利用空间计量模型研究杭州教育资源的资本化效应时计算了莫兰指数，发现 I 在各时期显著为正，由此得出杭州市的住宅价格存在正相关作用而并非随机分布，从而证明了利用空间计量模型进行估计的必要性。

空间计量模型中的一个关键步骤是构建空间权重矩阵，空间权重矩阵的设定能够反映数据的空间结构，在一定程度上影响空间计量模型的解释能力和估计结果。空间权重矩阵 $\boldsymbol{W}$ 反映了样本在空间上的依赖结构,它是一个 $n \times n$ 的矩阵,主对角线元素为零,非对角线元素 W_{ij} 反映了空间样本 i 和空间样本 j 之间的空间联系。二进制邻接矩阵被较多地用于反映空间单元之间的空间关系,其设定方法如下:

$$W_{ij} = \begin{cases} 1, & \text{boundary}(i) \bigcap \text{boundary}(j) \neq \varnothing \\ 0, & \text{boundary}(i) \bigcap \text{boundary}(j) = \varnothing \end{cases} \tag{2.3}$$

其中,boundary 表示样本边界,主要有三种边界类型,分别为 Rock、Bishop 和 Queen。其中 Rock 邻接最为常用,表示两个空间单元具有公共边;Bishop 邻接表示两个空间单元具有公共顶点;Queen 邻接表示两个空间单元既有公共边又有公共顶点。当 $i = j$ 时,W_{ij} 取值为 0。

k 邻近矩阵也是一种较为常见的空间权重矩阵,其设定方法如下:

$$W_{ij} = \begin{cases} 1, & j \in N_k(i) \\ 0, & j \notin N_k(i) \end{cases} \tag{2.4}$$

其中,$N_k(i)$ 表示在空间样本 i 附近最近的 k 个样本组成的集合,由于 k 的设定是外生给定的,因此需要对参数进行优化和敏感性分析。

除此之外,距离函数矩阵也十分常用,其设定方法如下:

$$W_{ij} = \begin{cases} f(d_{ij}), & i \neq j \\ 0, & i = j \end{cases} \tag{2.5}$$

其中,d_{ij} 表示空间单元 i 与空间单元 j 之间的距离,而根据距离衰退原则,$f(x)$ 是一个单调非增函数。距离函数矩阵还有另外一种表达方式:

$$W_{ij} = \begin{cases} 1, & d_{ij} \leqslant d \\ 0, & d_{ij} > d \end{cases} \tag{2.6}$$

其中,d 为外生给定的参数,在距离 d 范围内,认为空间单位存在空间关系。当 $i = j$ 时,W_{ij} 取值为 0。在空间距离权重矩阵中,可以采用最短直线距离、交通距离、经济距离等。

空间计量模型有多种模型形式,其中 SLM 和 SEM 最为常见。SLM 假定住宅价格除自身特征外,还取决于周边住宅的价格;SEM 则主要用于残差项之间存在空间自相关的情形。传统的特征价格模型用 OLS 估计即可,SLM 和 SEM 则采用最大似然法对参数进行一致和渐进有效的估计。同时,一系列检验方法被用于判断如何在 SLM 和 SEM 中选择较优的模型,包括 LM 检验[空间滞后(LMLAG)、空间误差(LMERR)、稳健的空间滞后(R-LMLAG)、稳健的空间误差(R-LMERR)]。Anselin 等(1996)利用 LM 检验提供了比较 SLM 和 SEM 解释优度的依据。若在检验空间依赖性时,LMLAG 比 LMERR 更加显著,且 R-LMLAG 显著而 R-LMERR 不显著，则 SLM 更为适合，反之 SEM 更为适合。为了确定合适的空间计量模型，Mathur(2017)采用 LM 检验来确定空间依赖的类型：空间滞后、空间误差，或两者兼有(Anselin,1988)。利用简单的 LM 检验判断是否存在空间滞后和空间误差依赖，利用 R-LMERR 检测在确定的空间滞后情况下是否存在空间误差，利用 R-LMLAG 检测在确定的空间误差情况下是否存在空间滞后。除此之外，常用的检验准则还有对数似然函数(log likelihood，LIK)、似然比(likelihood ratio，LR)、赤池信息量准则(Akaike information criterion，AIC)和施瓦茨准则(Schwartz criterion，SC)。LIK 值越大，LR 值越显著，AIC 值和 SC 值越小，模型的拟合效果越好。

在研究区域经济问题时，不同区域内的研究对象常常在空间上相互影响或制约，存在一定的空间依赖作用或空间自相关作用(洪永淼，2011)。在住宅市场中，住宅样本之间的空间自相关作用一般表现为邻里效应，即住宅的价格和特征与相邻住宅的价格和特征相关(Sedgley et al.，2008)。空间计量模型在处理邻里效应时具有独特优势。空间计量模型从住宅价格的空间依赖性入手，能够有效改进传统特征价格模型遗漏变量的问题。大量的实证研究表明，空间计量模型能够提高基于 OLS 的传统特征价格模型的拟合度(Pace et al.，1998；Case et al.，2004；Osland，2010)。在现有关于教育资本化的文献中，采用空间计量模型的研究均得到稳定和可靠的结果。一些利用空间计量模型的研究揭示了学校质量与住房价格的正相关关系，发现学校质量的资本化效应小于传统特征价格模型的估计结果(Brasington，1999；Brasington et al.，2006；Fingleton，2006；Sedgley et al.，2008)。由此可见，空间计量模型改善了传统的特征价格模型忽视住宅价格的空间或邻里属性而造成的影响，得到了更为准确可靠的估计结果。遗憾的是，虽然许多研究发现教育配套等城市公共品可以显著提高住宅价格，但这些研究较多地基于传统的特征价格模型，可能会对估计结果的准确性产生一定的影响。

相对而言，采用空间计量模型研究教育资本化的文献不多。Mathur(2017)在利用空间计量模型研究购房者对教育资源的支付意愿时指出，有必要检查和纠正空间自相关性来解决在文献中强调的遗漏变量问题和处理数据空间性质的影响。Mathur 同时建立了 SLM 和 SEM，并报告了具有较高 LR 的模型回归结果，由实证结果发现，一个标准差的学校质量提升，带来 20% 的住宅价格增值。Wen 等(2017b)发现杭州住宅存在空间自相关性，SLM 比 SEM 具有更好的解释能力，空间效应主要表现为邻近效应。在考虑了住宅数据的空间效应之后，教育资源的资本化率均有所下降，这证明了忽视空间自相关性可能会高估教育特征变量对住宅价格的影响。

三、地理加权模型

除了空间自相关性外,空间异质性是另一典型的空间效应。大部分现有研究通过特征价格模型得到特征变量的全局、平均影响,忽视了特征变量与住宅价格关系的空间非平稳性。现实中,同一特征变量对住宅价格的影响可能存在空间差异,即空间异质性。一些实证研究基于市场细分的理念,对住宅子市场分别建模,揭示了部分特征变量的隐含价格存在空间差异性,比如邻近空地(Anderson et al.,2006;)、公园的可视性(Hui et al.,2012)、西湖的邻近性(Wen et al.,2014a),以及针叶树林和阔叶树林(Gibbons et al.,2014)。然而,由于无法完全掌握住宅市场的深层属性,人为划分住宅子市场仍存在一定的理论难度。

Brunsdon 等(1996)认为简单的全局模型不能很好地解释变量间复杂的空间关系,从而提出了地理加权模型。他们将回归参数视为空间位置的函数,通过样本之间的距离函数构造权重矩阵,利用局部加权最小二乘估计,得到空间上各样本点的不同估计参数。地理加权模型能够科学、合理地估计特征变量在不同样本点上的回归系数,得到更为可靠的结果,其表达式如下:

$$\ln\boldsymbol{P}_i = \boldsymbol{\varphi}_0(u_i,v_i) + \sum_{j=1}^{n}\varphi_j(u_i,v_i)\boldsymbol{Z}_{ij} + \boldsymbol{\varepsilon}_i \tag{2.7}$$

其中,$\boldsymbol{P}_i$ 为位置 i 的住宅价格;$\boldsymbol{\varphi}_0(u_i,v_i)$ 为位置 i 的截距;$\boldsymbol{Z}_{ij}$ 为第 j 个变量在位置 i 的变量值;$\varphi_j(u_i,v_i)$ 为位置 i 的第 j 个变量的待估计系数;(u_i,v_i) 为位置 i 的样本坐标;$\boldsymbol{\varepsilon}_i$ 为位置 i 的误差项。

近年来,地理加权模型的解释能力得到了证实并逐渐被运用于实证研究当中。Wen 等(2017a)指出,地理加权模型能显著改善特征价格模型的拟合优度。许多类似研究也证实了地理加权模型良好的解释能力(Saefuddin et al.,2012;Hanink et al.,2012;McCord et al.,2013)。与传统的特征价格模型等方法相比,地理加权模型在处理空间数据时具有许多优势。①地理加权模型允许各个特征变量的回归系数在空间上体现出差异性,能更可靠地模拟现实情景。由于这一优点,地理加权模型在社会科学领域被广泛运用(Brunsdon et al.,1996;Bitter et al.,2007;Nilsson,2014)。Nilsson(2014)采用地理加权模型发现自然环境与经济增长之间的关系在不同的区域有显著差异。在人口和住房密度高的地方,景观的边际价格很高,而在有大量未开发土地的地方,景观的边际价格很低。地理加权模型帮助揭示了景观价值的空间特性,能得到传统的特征价格模型不能得到的结果。Bitter 等(2007)利用地理加权模型实证检验了住宅的重要特征变量的边际价格存在显著的空间异质性,并且这一差异在研究范围较大时更加明显。②地理加权模型相比于其他模型，有更好的解释能力，如传统的特征价格模型（Wen et al.，2017a）和空间扩展模型（Bitter et al.，2007）。③基于结合地理加权模型和地理信息系统，特征变量的隐含价格的空间结构能在地图上进行直观展示（Hanink et al.，2012；McCord et al.，2013），我们能够更清晰地分辨其空间上的差异，更准确地发现潜在的规律。

但遗憾的是，较少有研究利用地理加权模型深入探索城市教育资源等城市公共品资本化效应的空间异质性。在我国就近入学的背景下，小学和初中的招生严格按照学生户籍所在地的所属学区执行。一些家长愿意为获得优质教育资源支付高额的住宅价格，导致邻近优质学校的学区房价格节节攀升。但是，大部分研究常常利用特征价格模型得出教育资源的全局平均资本化率，即假设教育特征变量的回归系数在整个空间上维持一致，而这可能与现实情况不符。对教育资源资本化的空间异质性的探索，有助于揭示当下教育资源配置的微观机理，是一个值得研究的问题。

四、分位数回归模型

在不同的研究当中，同一特征变量的资本化效应可能大小不一，有些时候甚至会得到反向的影响（Sirmans et al.，2005）。这些现象并不少见，而其原因则可能是不同的研究采用不同的数据，并且在不同的时间段和空间分布上进行实证分析。但是，还有一个重要的原因往往被学者忽视，即分位数影响。由于高价和低价住宅的购房者具有不同的偏好，最小二乘估计通常不能准确地揭示上尾分布或者下尾分布的真实情况。

一般来说，高价住宅由高收入家庭购得，而中低收入的家庭由于经济原因倾向于购买中低价格的住宅。由于人们收入水平和社会地位不同，不同的住宅子市场应运而生，购房者通常会在相近的住宅市场中做出购买决定。换句话说，不同住宅子市场中的购房者根据自己的经济水平和需求水平拥有不同的偏好。Rajapaksa等（2017）指出，根据行为因素（如收入）划分住宅子市场相比于根据地理边界或行政区位划分更加合理。并且，不同细分市场的住宅需求和供给结构通常不同，这可能导致不同收入水平的家庭对同一特征变量的重视程度和支付意愿不同（Newsome et al.，1992；Malpezzi，2002；Zietz et al.，2008）。但是，现有文献通常使用传统的特征价格模型，只能解释某一特定的变量是否在整体上显著影响住宅价格，而不能回答另一个重要的问题，即这一变量的回归系数是否在不同住宅价格水平上有所变化。

分位数回归模型可以帮助我们解答这一问题并且得到关于回归系数在整个

住宅价格条件分布上的全面描述。这一方法考虑了全部条件分布而不仅仅是条件均值的影响,因此在分析细分市场时尤为有效。分位数回归模型在 1978 年由 Koenker 等(1978)首次提出,在当时被视为统计学领域的一大重要突破。在此之前,Gauss(高斯)指出,样本均值是随机样本最为近似的估计,并且最小二乘估计被认为是最为稳健的。但是,Koenker 等认为最小二乘估计存在一些问题,需要改进。例如,最小二乘估计通常不考虑异常值的影响,并且难以处理无限方差分布或者非高斯分布。他们认为,在样本分布不确定的时候,最小化绝对偏差的处理可能比最小二乘估计更为可靠。因此,基于 Mosteller(1946)、Bickel(1973)和 Hogg 等(1975)的经典研究,Koenker 等提出了回归分位数(regression quantiles)来扩展线性模型。这一模型对异常值不敏感而且能处理非对称分布的数据,在保留最小二乘估计的无偏性和有效性的基础上,优化了最小二乘模型。分位数方法能得到稳健的估计以及对全部条件分布的综合描述,因此该方法得到了经济学家的广泛认可和应用。

1982 年,Koenker 等(1982a;1982b)检验了分位数回归的异方差和线性假设,并且进行了深入研究,以建立回归量化统计的强一致性(Bassett et al.,1986)。根据线性模型的最小绝对误差估计算法(Barroda et al.,1974),Koenker 等(1978)开发了一套改进的算法计算分位数回归模型。在此之后,分位数回归模型的全部理论基本完善,并受到学者的广泛认可。此外,有许多文献研究了分位数回归模型中估计渐进协方差矩阵的方法。Buchinsky(1995)利用蒙特卡洛实验比较了分位数回归模型的不同渐进协方差矩阵,发现 bootstrapping 矩阵比其他估计值如 kernel 估计值更为可靠。Kim 等(2002)还指出,当分位数模型未被正确设定时,传统的协变量矩阵可能是无效的。因此,他们提出了当无法确定是否正确设定模型或者模型无法通过设定检验时也适用的分位数回归模型的渐近协方差矩阵的一致估计量。除此之外,许多研究改善了分位数回归模型。例如,Powell(1986)根据删失回归模型改进了条件分位数模型;Buchinsky(1995)进一步将 Box-Cox(博克斯-考克斯)变换模型和分位数回归相结合,检验了 1963—1987 年美国的工资结构;Kim 等(2004)提出了两阶段分位数模型,能较好地处理传统分位数回归当中的内生性问题。

虽然 OLS 回归能得到无偏和有效的估计,但在某些特殊情况下,这一方法并不适用。例如,Park 等(2017)发现由于一些社会人口因素,在观察值之间不独立的情况下,OLS 估计并非最好的选择。Lin 等(2014)在研究住宅支付能力时发现房价收入比具有右偏长尾分布,并指出在这种情况下,相比于 OLS 回归,分位数回归模型能得到更为全面和真实的结果。一般来说,分位数回归模型具有许多优点。①能得到更为全面的估计。分位数回归模型能在整个条件分布上得到不同的回归曲线，而 OLS 仅能得到一个条件均值回归线。因此，当我们特别关心某一特定群体的行为时，分位数回归方法尤为有效。例如，因为丧失抵押品赎回权（foreclosure）对低收入人群的影响较大，学者通常更为关注低收入家庭（Zhang et al.，2014）。②异常值对分位数回归的影响较小。分位数回归的估计值基于最小绝对残差加权和，因此与 OLS 相比，当存在异常值时，能得到更为稳健的结果。③截断问题能通过分位数回归得以有效避免。现有的文献常常运用 OLS 来估计细分市场，人为划分不同的子市场，并分别建立回归模型以得到更准确的结果（Newsome et al.，1992）。但是，截断因变量可能会导致有偏的估计。分位数回归模型利用了整个数据集，能够有效避免这一问题。④分位数回归模型能有效处理非标准形态的分布，比如不对称和肥尾分布。⑤分位数回归模型能处理异方差性、不可观测的异质性，并且简化估计（Hallock et al.，2001；Koenker，2005）。

　　分位数回归模型由于其独特的优势，被广泛应用于许多领域。首先，分位数回归模型被认为是劳动力市场的有效工具。例如，Buchinsky（1998）利用分位数回归研究了美国女性的收入结构，发现有熟练的工作技能的女性出现在收入分布的高尾，而那些工作技能不出众的则出现在分布的低尾。Buchinsky（1998）还运用这一方法研究了同一年的周收入。许多学者运用分位数回归研究了不平等收入（García et al.，2001）和教育收益（Arias et al.，2001）。其次，分位数回归模型还被用于需求分析研究。Manning 等（1995）运用这一方法研究了人们对酒的需求并指出，由于不同的价格和收入弹性，这一需求在不同人群中呈现出显著的异质性。再者，分位数回归模型还为医疗领域提供了重要的信息。它被用于测量药物的百分位数图表，以研究不同的测量方法在全部条件分布的不同价值（Cole et al.，1992）。Koenker 等（2001）还应用这一方法分析特定因素对面临不同风险的病人的存活时间的影响。此外，Yu 等（2003）应用分位数回归模型进行环境建模和测量异方差性。

　　近年来，分位数回归模型开始被运用于房地产市场。许多学者利用这一方法来研究不同因素对不同条件分布的住宅价格的影响。例如，Liao 等（2012）通过实证研究发现在中国长沙，特征变量对住宅价格的影响在不同分位数上存在异质性。至 CBD 的距离的回归系数在全部条件分布上呈现 U 形，而至公园的距离的回归系数呈现下降的趋势。他们认为，分位数回归能为住宅价格评估提供更多的信息。同样地，Mak 等（2010）也证实了高端和低端住宅的购房者对不同住宅特征的偏好差异很大，甚至在一个小区内也存在一定的区别。Kim 等（2015）利用 Box-Cox 分位数回归证实，高价住宅的购房者更加看重居住面积的增加，并且分位数模型相比于传统的特征价格模型有更好的解释能力。同样的结论也被 Zietz 等(2008)所证实。此外,分位数模型还被应用于计算住宅价格指数。Coulson 等(2007)估计了不同分位点的住宅价格指数并进一步展示了不同阶段的住宅价格分异性。Yeon(2016)也得到了相似的结论,并指出根据分位数回归得到的住宅价格指数比传统方法更为可靠,尤其是对于异常值的稳健性。此外,现有的一些文献采用分位数回归研究了各种舒适性因素对不同条件分布的住宅价格的异质性影响,如自然景观(Park et al.,2017)、历史建筑(Zahirovic-Herbert et al.,2011)、公共交通(Wang et al.,2016)、便利店(Chiang et al.,2015),以及非舒适性因素的影响,如洪水(Zhang,2016;Rajapaksa et al.,2017)、山林火灾(Mueller et al.,2014)和废物处理站(Kuethe et al.,2012)。这些实证结果都验证了特征因素变动一个单位,高、中、低价住宅的价格的变化幅度显著不同。还有研究利用分位数回归检验某些经济因素对不同分位数的住宅价格的影响,如丧失抵押品赎回权(Zhang et al.,2014)和 2008 年金融危机。他们发现丧失抵押品赎回权对低价住宅的影响较大,金融危机对高价住宅的影响较大。此外,分位数回归模型还被应用于研究人们的储蓄行为和房地产市场之间的关系(Chen et al.,2007)以及调控政策的有效性(Zhang et al.,2016)。

　　遗憾的是,尽管一些学者运用分位数回归模型研究了部分特征变量(如住宅面积、房龄和舒适性景观等)对住宅价格的分位数影响(Zietz et al.,2008;Kuethe et al.,2012),但在教育热和学区房等概念盛行的当下,关于教育资本化的分位数影响的文献几乎是空白的,较少有研究关注城市教育配套对高、中、低价住房的分位数影响。本书试图利用分位数回归方法来弥补这一研究空白,在考虑空间自相关性的情况下,揭示不同价格住宅的购房者对城市教育配套的不同反应,这一问题也是当今社会所关注的热门话题之一,值得深入研究。

第三节　教育资源的衡量指标

　　为了探索城市教育资源与住宅价格之间的关系,首先需要设定一系列特征变量来表示教育资源配置情况。如何准确地量化教育资源一直是学者广泛关注的问题,目前常用的衡量指标主要有以下三种。

一、投入和产出指标

　　量化教育资源较为常用的方法是以投入指标或产出指标来衡量教育资源的

质量。常见的投入指标有学校支出、教师的薪资、每个学生的花费和学生教师比等，在一些西方国家被较多学者采用。投入指标能简单、直观地从供给侧反映不同教育资源的质量水平，有利于准确地估计教育配套的资本化效应。例如，基于1994—2004 年美国康涅狄格州的住宅重复交易数据和学校数据，Dhar 等（2012）通过实证研究发现，学校支出能显著提升住宅价格（价格弹性为 0.58）；Hilber 等（2009）利用美国 11565 个学校区域的综合数据研究发现，由于以学校支出为代表的教育特征在很大程度上资本化入住宅价格中，大量家庭（甚至是可能要搬离或者没有适龄入学子女的家庭）都支持额外增加学校支出。

产出指标也较多地被西方学者用于反映教育资源水平，比如考试成绩、升学率和辍学率等。这种方法以结果为导向，客观地度量不同学校的教学水平，被运用于估计城市教育资源的资本化效应。Nguyen-Hoang 等（2011）回顾了关于教育资本化效应的文献并提出，大部分研究都证实了教育质量对住宅价格的显著影响，尤其是教育产出变量，并且学者对教育产出指标的兴趣要大于投入指标。产出变量中，最具代表性的是考试成绩。Rosenthal（2003）发现考试成绩的上升会带来住宅价格的增值，价格弹性为 0.05，并且社会每年会为 5％考试成绩的提高支付约45 亿美元。John 等（2010）发现学校的 GCSE（英国普通中等教育证书）考试成绩每提高 10％，周边住宅价格上升 1％～3％。Davidoff 等（2008）、Clapp 等（2008）也得到了相似的结论。

一些经典的西方教育资本化研究同时采用了投入指标和产出指标表征教育资源水平，得到了丰富的结论。例如，Brasington（1999）采用了每个学生花费、学生教师比和教师工资等 5 个投入指标以及考试成绩、出勤率、毕业率等 17 个产出指标研究购房者对不同教育资源变量的重视程度。实证发现，每个学生花费和学生教师比这两个投入指标以及考试成绩这一个产出指标一致显著地资本化入住宅价格中；教师工资和出勤率也被购房者重视，但仅在部分模型中显著；而如毕业率、教师经验水平等指标则始终与住宅价格没有显著的关系。此外，美国加利福尼亚州的一项民意调查显示，人们对公立教育的重视度要明显高于环境质量和犯罪率等因素。Clark 等（2000）从此出发，采用学生教师比、学校规模等 8 个教育服务投入指标和 SAT（美国高中毕业生学术能力水平考试）分数、辍学率等 4 个产出指标，研究城市教育资源对住宅价格的影响。他们发现，投入指标和产出指标都能显著提高住宅价格，而投入指标的隐含价格要比产出指标高。当然，投入指标和产出指标具有同样重要的作用，Downes 等（2002）通过实证表明，购房者对于表征教育资源的投入指标和产出指标同样重视。

二、可达性指标

教育可达性指标被用于衡量教育资源的邻近性,一般有直接和间接两种方法可进行衡量。直接量化法通过从居住地到学校的通勤过程反映,主要的量化指标有距离、通勤时间和通勤费用。例如,Mok 等(2010)利用至香港国际学校的距离来研究这类教育资源对住宅价格的影响。他们发现购房者愿意为邻近私立英语学校居住支付一定的额外费用,每靠近私立国际学校 100m,住宅价格平均增加8400 港元。类似地,陈珧等(2010)采用至大学的距离来探索高等教育资源的资本化效应。实证结果显示,在一定距离范围内,邻近大学的住宅拥有更大的增值潜力,随着住宅至大学的距离越大,其交易价格逐渐下降,当超出这一范围时,大学则不再显著影响住宅价格。

间接量化法也较常被用于表示教育资源的可达性,依据在住宅一定空间范围内某教育资源的可获得性进行衡量。例如,Chin 等(2006)利用某些地区学校资源数量和招生名额来代表教育资源的可达性,认为某一地区内学校的数量或者招生名额越多,教育可达性也就越好。实证结果验证了这两个变量与住宅价格之间呈显著的正相关关系。此外,虚拟变量法也可用于表示一定范围内教育资源的可达性,以此区别不同住宅的教育配套水平。比如,Wen 等(2014b)采用住宅小区 1km范围内是否有大学这个虚拟变量来探索大学的资本化效应。他们通过实证研究发现,大学 1km 范围内住宅小区的成交价格比非邻近大学的同类住宅高出3.0%。Vandegrift 等(2012)也利用了相似的方法衡量大学的邻近性,他们指出大学附近的住宅价格比其他住宅高出 2.7%,而大学规模对住宅价格并没有显著影响。

三、分级指标

与西方国家不同的是,国内以投入或产出为基础的学校质量数据(如学生支出、师生比或考试分数)并不向公众公开(Zheng et al.,2016),教育投入指标和产出指标数据获取较为困难。为应对这一问题,学校排名或学校主观打分法被较多国内学者用于表征教育资源质量。这种方法直观地区分了学校质量的差异,用于估计城市教育资源对住宅价格的影响。

较多国内研究采用这一方法得出了有效的估计结果。比如,石忆邵等(2014)利用学校主观评价法,通过将学校进行分级,实证检验了重点小学和初中对城市住宅价格有显著的影响。他们的实证结果显示,学校等级每提高一级,住宅价格上升约 8.698%,住宅所属学区的小学排名每提高一位,其价格上升约0.896%。Wen 等(2014b)对小学和初中的质量进行了打分赋值,发现杭州市教育资源已资本化入住宅价格中，各个模型的估计结果较为稳健。刘润秋等（2015）实证研究了成都市武侯区教育资源对住宅价格的影响，通过给学区按照教学质量不同分别赋值1～5分，给非学区住宅赋值0分的方法，区分不同住宅的教育配套水平，从而证明了教育质量的提高对住宅价格有着显著的增值作用，而对租金没有明显的影响。部分西方研究采用相似的衡量方法并得到了稳健的估计结果。Brasington等（2012）也采用了分级法区别学校质量，获得了稳健的结论。

第四节　教育资源的资本化效应

本节主要从教育资源资本化效应的全局性研究、局部性研究以及教育事件的影响研究三个方面展开，对国内外相关文献的研究现状进行了回顾与评述。参考Nguyen-Hoang等（2011）的研究，笔者着重整理了2011年1月—2019年10月发表在国际刊物上的关于教育资本化效应的相关文献共50篇，将其研究内容、研究方法和主要结论等基本内容归纳在附录1中。

一、教育资源的全局性资本化效应

城市教育资源是带来住宅价格差异的重要因素之一，引起了国内外许多学者的研究兴趣，其中大量相关研究从全局角度探索教育资源对住宅价格的平均影响。以Tiebout（1956）的"用脚投票"理论为标志，关于城市公共品的定量研究逐渐起步。在1956年之后的十余年间，尽管学界普遍认为Tiebout提出的理论假设具有一定现实意义上的合理性，却由于客观存在的理论难题（如衡量消费者流动性的难度），较少有研究对Tiebout模型进行实证检验，学者对Tiebout模型的解释能力始终持保守态度。直到1969年，Oates（1969）通过实证分析，定量检验了城市公共品的确会通过消费者的居住选择行为影响住宅价值，从而为Tiebout模型的有效性提供了实证依据。Oates利用每个学生的花费作为代理变量来衡量社区教育服务的水平，基于多元回归模型发现，教育资源水平和税收分别显著正向地和负向地影响住宅价格。这一结论与Tiebout模型一致，即证实了理性的消费者在选择居住地时会权衡当地公共服务带来的收益和纳税成本，最终愿意为居住在拥有优质公共服务的社区支付更高的费用，或者选择具有同样公共服务但税收较低的社区。基于Oates的研究框架，一些西方学者开始利用城市住宅价格研究城市公共品的价值。

Black（1999）提供了关于教育资源资本化效应的经典研究。他提出，对学校改革的评估首先需要定量估计家长对学校价值的判断,而以往的研究通常关注教育投入与产出之间的直接关系,得到的不确定性结论反而加剧了对教育资源价值的争论。因此,Black 采用了一个有效的替代策略,利用住宅价格来估计城市教育资源的价值。他基于特征价格分析框架,以美国马萨诸塞州邻近学区边界两侧的住宅为样本,控制潜在邻里因素的影响。Black 发现,家长们愿意为孩子 5% 的成绩提高多支付 2.5% 的购房价格(约 3948 美元),而马萨诸塞州标准化考试分数提高 1 分,可能带来该州房价整体上涨近 7000 万美元。由此可见,教育资源不仅对学生家长有着显著的重要性,还对当地政府有着重要的意义。Black 的结论与 Oates (1969)一致,都从实证角度证实了城市教育资源的平均资本化效应,并定量估计了其价值,为后续研究的开展和深化奠定了基础。

近年来,越来越多学者开始关注城市居民对教育资源的偏好,其中很多学者对小学和初中的资本化效应较感兴趣。Bayer 等(2007)为此提出了一个基于居住分异(residential sorting)的城市公共品偏好估计框架,在住宅选择模型中采用边界固定方法,控制了学校等邻里特征的内生性问题。他们发现,小学平均考试成绩每增加一个标准差,住宅价格显著增加 33～124 美元,并且存在明显的根据小学学区划分的居住分异现象。类似地,Downes 等(2002)利用工具变量法控制邻里效应的影响并发现,美国芝加哥中小学的考试成绩可以显著提高住宅价格,价格弹性约为 1。运用同样的方法,Gibbons 等(2003)发现,达到考试分数的小学生人数每增加 1%,住宅价格提升 0.67%。Fack 等(2010)通过实证发现,公立中学成绩每增加一个标准差,会使房价上涨 1.4%～2.4%,而随着附近私立中学数量的增加,公立中学的资本化程度在下降。Cheshire 等(2004)指出,不论是小学还是中学,其价值已显著资本化入住宅价格中。Machin(2011)回顾和总结了许多估计家长对学校价值的判断及其支付意愿的文献,发现小学和初中学校质量与住宅价格呈显著的正相关关系,学校质量的提高会使住宅价格不同程度地上涨。相似的结论也在许多其他文献中被证实(Brasington et al.,2006;Gibbons et al.,2006;Reback,2005;Weimer et al.,2001;Bae et al.,2013;Carrillo et al.,2013;La,2015;Zheng et al.,2016;Zhang et al.,2017)。此外,Hansen(2014)甚至发现一些家长(特别是受过先进教育的家长)早在孩子达到适学年龄前,就愿意支付更多的价格去购买临近优质小学的住宅。

国内许多学者也探索了小学和初中学区对住宅价格的影响。比如,哈巍等(2015)研究发现,北京市属于市重点的学区房和属于区重点的学区房比非学区房的住宅价格分别高出大约 18.4% 和 5.4%;张骥(2017)通过实证发现北京市重点小学学区的溢价率高达 24.3%;张雅淋等(2017)实证发现,南京市的省实验小学学区对住宅价格的溢价比非省实验小学学区的溢价高出 7.88％；崔文君等（2019）研究发现，广州市省级重点小学的学区房的价格普遍比非省级重点小学学区内的住宅价格高出 8.3％；于涛等（2017）通过实证发现，天津市优质的小学学区和中学学区的价值已经资本化入住宅价格当中，并且重点中学的溢价效应要大于重点小学的溢价效应。

居住地到附近小学和初中（尤其是优质学校）的可达性，是家长在购房时考虑的因素之一。实际上，小学、中学的可达性与住宅价格之间的关系，也是国内外许多学者关注的焦点。例如，Chin 等（2006）指出小学和初中的可达性，特别是有声望的学校，显著提高了住宅价格，因此是造成房价差异的重要因素，也是新加坡的新房卖点。石忆邵等（2014）试图研究上海学区房价格的影响机制，发现每远离重点中学和重点小学 100m，住宅价格分别减少 0.995％和 0.499％。但是，有极少数针对中国城市开展的研究发现，学校的可达性对城市住宅价格的影响并不显著。例如，赵旭（2015）在评估学区房的价值时发现，至学校的距离对房价没有显著的影响，这可能是由于样本小区距离学校较近、周边公共交通便利并且越来越多的家长选择开私家车接送孩子上学。杨尚（2013）通过实证研究发现，至小学和初中的距离在大部分模型中并不显著，这说明由于我国义务教育学区的划分，通常住宅至所属学区内的中小学距离不会太远，因此学校距离并非影响住宅价格的重要因素，而就读权利才是。

除此之外，其他类型的教育资源，对住宅价格也存在一定的影响，但是相比于小学、初中，相关研究较为欠缺。Hahn 等（2012）研究发现，优质高中能显著提高周边住宅的售价和租金。类似地，Feng 等（2013）指出，1km² 范围内每增加一所重点高中，会使住宅价格上升 17.1％；若一个新的重点高中通过认证，周边的住宅价格会上升 6.9％。而大学主要是以其人文氛围、自然环境和生活配套为周边住宅带来一定溢价。陈珧等（2010）利用特征价格模型研究大学对住宅价格的影响，以浙江大学紫金港校区为例，发现其能显著影响半径 6.5km 范围内的住宅价格，并且距离大学越近，影响越显著。Vandegrift 等（2012）同样证实了大学能为周边的住宅价格带来显著的增值作用。但是，洪世键等（2016）在研究教育资源与住宅价格的关系时发现，至厦门大学的距离这一变量在回归方程中并不显著，这可能与变量设定的方式有关，大学可能仅对周边一定范围内的住宅价格有影响。

较少有研究综合地考虑各个阶段教育资源对住宅价格的影响，毛丰付等（2014）尝试利用特征价格模型研究优质教育资源对住宅价格的影响，发现不同类型教育资源都不同程度地资本化入附近住宅价格中，其中重点中学的资本化效应最大，其次是重点小学，分别带来 25.5％和 12.8％的学区房溢价，而重点幼儿园对附近住宅价格没有显著的影响。温海珍等(2013)通过特征价格法实证发现各阶段教育配套能显著影响住宅价格,小学质量和初中质量每提高一级,对应学区内的住宅价格分别上涨2.3%和2.6%,而幼儿园、高中和大学也在一定程度上提高了周边房屋的价格;住宅小区1km范围内每增加一所幼儿园,住宅价格上涨0.1%;1km内有高中或大学的住宅价格比同类住宅价格分别高出1.8%和2.1%。

通过回顾国内外关于教育资源资本化效应的理论和实证研究,笔者发现国内外的相关研究的关注重点有所区别。我国学区制度的严格实施使得政府提供的城市教育资源与住宅市场紧密联系,因此国内大部分实证研究着重探讨了小学和初中对住宅价格的学区效应。较多的研究发现,义务教育阶段的小学和初中具有最为显著的学区增值效应(孙斌艺,2008;杨振刚等,2010;温海珍等,2013;胡婉旸等,2014;王振坡等,2014)。除此之外,优质学校所建的分校及知名高校附属学校被证实对地价和房价有明显提升(周业安等,2015)。特别地,刘润秋等(2015)研究指出,入学资格已经成为衡量中国家庭幸福感和竞争力的重要指标,而学区房背后隐含的实质是"阶层固化"的社会结构的板结以及"富者越富,贫者越贫"的马太效应的加剧。

不同于国内较为统一的研究重点,国外关于教育资源资本化的研究范围较广。许多国外学者也和国内学者一样,探索了小学和初中学区的增值作用。比如,Leech等(2003)指出了在英国考文垂存在显著的学区效应,优质学区能提高16%~20%的住宅价格;Hahn等(2012)利用是否位于优质学区内这个虚拟变量,实证证明在韩国首尔等地区,优质学区能显著提升住宅价格和租金。值得一提的是,西方相关研究区别于国内研究的一大特点就是对教育资源资本化过程中种族因素的思考。由于西方国家多元化的种族构成,一些西方学者探索了学生种族构成的影响。比如,Downes等(2002)研究了美国芝加哥的许多学校特征对住宅价格的影响,在此过程中囊括了许多种族特征变量,如非裔美国学生的比例、墨西哥裔或印第安裔美国学生的比例等。研究发现,人种因素表现出显著的负向作用,非裔美国学生比例每提高一个百分点,住宅价格将下降0.562%,这证实了当地居民关注学校的种族构成。Zahirovic-Hebert等(2008)发现,增加黑人学生的比例会延迟住宅的销售时间,黑人学生比例每增加一个标准差(大约8%),将平均延长额外2.3天的销售时间,虽然这些房子的平均售价可能不会降低,但它们更难出售。此外,种族隔离现象(segregation)在西方国家较为普遍,以此为背景,部分西方研究探索了教育公共服务在这一过程中扮演的角色。比如,Owens(2016)则指出,美国白人与黑人学生之间的成就差异在一定程度上是由他们不同的教育背景所决定的,即由不同学区之间的经济和社会资源不平等造成;Siegel-Hawley

(2013)发现教育政策有时也是一种住宅政策，美国复杂的学区划分制度与住宅市场的居住分异模式有一定联系。

由以上文献回顾可以发现，国内关于城市教育资源的实证研究与许多西方研究相比，仍然存在一定的提升空间，值得进行更细致的探索。

二、教育资源的异质性资本化效应

大部分现有文献主要从全局入手，利用特征价格模型探索城市教育资源对住宅价格的平均影响。但是，由于教育资源供给侧和需求侧因素的不同与变化，其资本化效应可能存在一定的异质性。遗憾的是，相比而言，有关教育资源资本化效应异质性特点的研究比较欠缺，难以深入揭示教育资源的资本化效应。

个别西方学者发现教育质量的资本化效应存在时间异质性。在不同的时间段，教育质量的资本化率存在明显的差异，这可能是由不同的市场环境导致的(Gabriel et al.，2016)。Figlio 等(2004)运用重复交易数据发现，在美国佛罗里达州，小学质量信息的公布能显著影响住宅价格，但这一影响仅仅在公布后的较短时间内显著，而一直被评为 A 等的小学能在较长一段时间内为周边住宅带来增值效应。Charles 等(2018)进一步发现，在美国马里兰州，学校质量的资本化效应在住房市场中有一定的反周期趋势，顶级学校的资本化效应在住房市场萧条期有所增长，而在市场的繁荣复苏时期有所下降。Livy(2017)也得出了相似结论，发现在美国富兰克林郡，学校质量与房价升值率在房地产繁荣时期没有明显的关系，而在房价快速下跌期间，学校质量与房价升值率成正比。Insler 等(2013)还发现，人们对优质学校的追求可能对房地产泡沫的扩张起到了显著作用。

也有一些西方研究揭示了教育资源对住宅价格影响的空间异质性，发现在不同研究区域，教育资本化效应表现出显著差异。He(2017)发现在美国加利福尼亚州，学校对住宅价格的资本化效应在不同学区之间展现出显著的异质性影响，这说明对学校质量具有相似支付意愿或者具有相似社会经济地位的家庭聚集在一起，即存在根据学校质量而产生的居住分异现象。类似地，Chiodo 等(2010)利用边界固定法发现，在美国密苏里州，教育质量已经资本化入住宅价格中，并且其增值效应在拥有优质学校的区域更加显著。不同于通过特征价格模型测得教育资源平均资本化率的大部分研究，他们指出，公立中小学的质量和住宅价格之间的关系是非线性的，对考试成绩的线性假设会低估优质学校带来的溢价并高估一般学校带来的溢价。Sah 等(2016)证实了公立小学的邻近性会对周边住宅价格产生显著影响，并且在划分沿海和内陆两个住宅子市场后发现，这一影响在内陆和沿海地区分别表现出不同的规律。对于美国圣迭戈县的所有购房者而言，非常邻近学校具有一定的负向作用,但是划分样本区域后发现,内陆地区的公立学校表现出邻近性溢价作用,而沿海地区的结果则与总样本一致,这显示出非常强的"接近负向"效应。这一发现揭示了在特征价格框架中控制空间因素的重要性。国内部分学者也通过实证研究揭示了城市教育资源对住宅价格的异质性影响,比如赵洁(2018)发现,在深圳,小学距离仅对部分研究区域的住宅价格有显著影响,而初中距离则在不同研究区域表现出截然相反的影响,在优质教育资源较为集中的区域,小学和初中的升学率对住宅价格的影响较小。

此外,部分西方学者探索了教育资源资本化效应根据社会经济因素或人口统计因素的不同而产生的异质性特点。比如,Turnbull 等(2018)发现,在美国橘县的不同社区之间,学区的不确定性、学生间的同伴效应和学生教师比在收入较高的社区比在收入较低的社区更受重视,考试成绩的资本化效应在不同收入水平的社区之间也存在明显的差异。Hilber 等(2009)发现,在美国马萨诸塞州,每个学生的支出与已开发土地比例呈正相关关系。这种正相关关系在房主是青壮年的地区中持续存在,而在老年人口较多或房屋预期寿命较短的地区中则更加显著。

由以上文献回顾可以发现,与西方研究相比,国内关于城市教育资源对住宅价格的异质性影响的研究相对欠缺。许多现有研究指出,在估计教育资本化效应时,除了得到全局维度的平均作用,也有必要关注教育资源资本化效应在其余维度的异质性特点,比如时间维度和空间维度的异质性。

三、教育事件对住宅价格的影响

与城市教育资源相关的一系列事件的影响不仅牵动着学生家长的心,还是城市管理者和学者所关注的重点。许多研究采用双重差分(difference-in-differences,DID)模型来探索教育事件的影响。双重差分模型在研究某些自然实验的发生而引起的变化时有较大优势,被较多地运用于社会科学领域(周黎安等,2005;Girma et al.,2007;Branas et al.,2011)。特征价格模型主要聚焦于如何估计教育资源质量对住房价格的影响,一般采用横截面数据来获得静态的资本化率。通过比较不同时间截面的回归结果,很难将自然实验的具体影响效果剥离开来。DID 模型能有效识别当一些外生事件发生时实验前后宏观和微观环境的变化,通过比较对照组和实验组在事件发生前后的差异来估计该事件的作用。近年来,人们开始关注政策变化、学区重新划定、学校质量评级或评级结果变化等事件,对这方面内容进行量化研究也能为政府有关部门制定相关政策提供借鉴,并帮助其评估政策的实施效果。利用 DID 模型研究与教育资源相关的自然实验效果的原理如下:一般而言,教育特征的变化(教育政策的实施、学区的重新划分等)会引起特定区域内教育资源短暂的供需失衡，居民通过对教育资源的重新评估，会自发地在不同区域之间迁徙，直至住房价格波动达到新一轮的供需平衡。而通过对比自然实验前后的房价差异，可以观察到教育资源资本化效应的变化。实证研究表明，与教育资源相关的一系列事件对住宅价格存在明显的影响。

学区的重新划分会使教育资源的分配产生显著变化，这是学者关注的热点问题。Bogart 等（2000）利用 DID 模型发现，住宅价格由于学区的变化下降了9.9%。Downes 等（2002）发现，人们关于学校质量的评价会随着学区或者教育政策的不同而不同。Ries 等（2010）利用 DID 模型，通过研究加拿大温哥华学区重新划分前后住宅价格的变化规律，揭示了住宅价格在很大程度上受到学校质量的影响。此外，一些西方国家的教育改革者提议打破大的学区，从而提高办学效率，增加学校选择，促进学校竞争。Banzhaf 等（2012）以 2000 年 4 月美国洛杉矶联合学区拆分成 11 个小学区作为自然实验，利用 DID 模型实证检验购房者对这一改革的态度。研究结果表明，购房者看重这一改革，认为学区分割将使学校运转更高效。与控制组相比，位于联合学区的住宅价格比原先提高了 2%～3%。并且这一效应在富裕的地区更为显著。Collins 等（2017）以美国田纳西州的学区重新划分作为自然实验，研究了教育学区对住宅价格的影响。结果表明，在其他变量不变的前提下，学区的重新划分会使住宅价格上升 5%～7%。

学校搬迁造成的教育资源供给的变化，被证实会显著影响住宅价格。Agarwal 等（2016）采用新加坡独特的基于距离的学校分配优先规则作为标准来划分实验组和控制组，利用 DID 模型，以学校搬迁作为自然实验，研究其对学区内房价的影响。利用 1999—2009 年的住宅样本实证发现，在学校搬迁事件发生的 6 个月前，位于 1km 区和 1～2km 区的原校区的住宅价格下降 2.9%～6%。

此外，学校排名的变化也会间接影响附近的住宅价格。Zahirovic-Herbert 等（2008）将学校排名的变动视作自然实验，利用 DID 模型实证发现，住宅价格不会受学校名次下降的影响，而名次的提升对住宅价格会产生显著的正向作用，住宅价格会上升约 5%。Hussain（2016）利用 DID 模型实证发现，学校等级变化对英国住宅价格以及家长的择校决定有显著影响。Feng 等（2013）以上海市两个批次的"实验性示范性高中"命名过程为自然实验，发现 1km 内每增加一所一类示范高中，将带来 17.1% 的住宅价格增值，而质量次之的二类示范高中的增值效应仅为一类高中的一半。此外，住宅片区内若一所之前未被指定的高中被指定为实验性示范性高中，住宅价格将上涨 6.9%。

学校排名等信息的发布对住宅价格的影响也是一些西方学者关注的问题。Figlio 等（2004）通过 DID 模型估计了学校的资本化效应在学校排名信息发布前后的变动情况。Imberman 等（2016）为了估计洛杉矶新公布的学校和教师增值信息的资本化效应，利用 DID 模型实证发现，增值信息与住宅价格之间的关系不显著，这说明人们并不特别重视这一信息。

第五节　本章小结

本章全面梳理了本书的理论基础，如城市公共品理论、特征价格理论和市场细分理论，为理论研究框架的确定提供借鉴；同时，详细总结和分析了与本书的实证研究相关的一系列模型基础及其实证应用进展，如特征价格模型、空间计量模型、地理加权模型和分位数回归模型，为后文实证模型的选择和构建奠定基础。

在此基础上，通过广泛研读国内外城市公共品相关文献以及教育资源资本化效应的理论和实证研究，归纳和总结了衡量教育资源的三种指标，即投入和产出指标、可达性指标和分级指标，以确保科学有效地量化教育资源。此外，围绕现有的有关教育资源资本化效应的大量理论和实证研究，根据三个方面的研究内容，即全局性资本化效应研究、异质性资本化效应研究和教育事件对住宅价格的影响研究，详细、深入地进行了文献回顾与评述，并分析了国内外相关文献的研究重点，为实证研究的开展提供了参考与借鉴。

第三章 数据的获取与量化

本章将介绍杭州市的教育背景情况和本书的研究区域,并阐述实证数据的来源及变量的选取和量化方式;最后,结合杭州市的具体情况,构建理论分析框架和特征变量体系。

第一节 杭州市教育资源的配置情况

笔者根据杭州市教育局于 2002—2017 年公布的杭州市教育年鉴,总结和整理了 2002—2017 年杭州市全市各阶段教育资源的配置情况,如表 3.1 所示。

杭州市在前期大力整顿和规范全市幼儿园、小学和初中的办学质量,撤并大量薄弱学校。全市小学数量由 2003 年的 1044 所逐渐减少,直至 2010 年共有小学 408 所;全市初中数量由 2004 年的 303 所逐渐减少,直至 2014 年的 241 所;全市幼儿园数量由 2002 年的 1268 所逐渐减少,直至 2013 年的 860 所。

后期,杭州市开始加快优质学校新建与扩建工程,学校数量逐步增加。全市小学数量自 2010 年起逐渐增加,直至 2017 年增至 458 所;全市初中数量自 2014 年起缓慢增加,直至 2017 年增至 251 所;全市幼儿园数量自 2013 年起逐渐增加,直至 2017 年增至 960 所。

杭州市普通高中和高等院校数量在各年度基本保持稳定,全市高中数量维持在 70～82 所,全市高等院校数量由 35 所缓慢增长至 39 所。

表 3.1 2002—2017 年杭州市全市各阶段教育资源的配置情况

参数	年份															
	2017	2016	2015	2014	2013	2012	2011	2010	2009	2008	2007	2006	2005	2004	2003	2002
全市幼儿园数量（所）	960	930	910	881	860	缺失	970	969	972	1039	缺失	1188	1188	1098	1268	1268
全市在园幼儿（万人）	33.63	32.55	31.34	29.5	28.54	缺失	27.11	26.74	24.63	23.59	缺失	19.55	18.9	18.65	17.86	17.86
全市小学数量（含九年一贯制、十二年一贯制学校小学部）（所）	458	447	443	421	419	缺失	409	408	417	418	437	605	791	897	1044	缺失
全市小学在校学生（万人）	56.04	54.3	52.45	50.27	48.35	缺失	46.53	45.39	44.51	45.21	45.62	45.95	45.9	44.8	44.9	缺失
全市初中数量（含九年一贯制学校）（所）	251	249	243	241	241	缺失	246	245	252	260	262	263	289	303	275	缺失
全市初中在校学生（万人）	22.48	21.58	21.13	21.39	21.35	缺失	22.35	23.6	24.19	24.45	23.83	23.55	24.1	25.23	26.88	缺失
全市普通高中数量（所）	80	77	75	72	70	缺失	71	72	75	76	80	82	80	81	77	缺失
全市普通高中在校学生（万人）	11.31	11.04	11.00	11.05	11.39	缺失	11.71	11.70	11.81	12.03	12.30	12.40	12.10	11.53	10.81	9.16
全市全日制普通高校数量（所）	39	39	39	38	38	缺失	38	37	37	36	36	36	36	36	49*	35
全市全日制普通高校在校学生（含研究生）（万人）	48.41	48.10	47.56	47.46	47.16	缺失	44.67	43.48	43.00	40.96	39.28	37.36	35.19	23*	26.98	21.17

* 因部分年度公开数据的口径偏差，2003 年的 49 所全日制普通高校为计算入独立学院后的数量；2004 年全日制普通高校在校学生 23 万人仅包括大学本科生，不含研究生。

第二节　研究区域

本书选取杭州市作为研究区域。杭州位于中国东南沿海，作为浙江的省会城市，是浙江省的政治、经济、文化和科教中心。杭州市拥有 2000 多年的历史，由于其悠久的历史文化底蕴和优美的自然风景名胜闻名全国。本书选取杭州市六个主城区（西湖区、江干区、上城区、下城区、拱墅区和滨江区）为研究对象，其主要原因如下。

①杭州作为长三角地区的核心城市和世界闻名的电子商务之都，具有较强的研究代表性。杭州市近年来的发展有目共睹，随着 2016 年成功召开 G20 峰会，以及即将举办的亚运会，杭州逐渐走进国际视野。由于城市具有不可估量的发展潜力，越来越多的来自全国各地的人们迁居至杭州。因此，以杭州市作为研究区域对于探索教育资源与住宅市场的交互关系具有重要的代表性，可为同类研究的开展提供可靠的理论和实践依据。并且，作为科教重点城市，研究杭州市城市教育资源的优化配置问题，也能为中央或地方政府的决策提供重要的参考依据。

②杭州市具备成熟的住房市场，有助于开展城市教育资源资本化效应的研究。杭州的住房市场启动早，发展快，具备完善的制度条件。同时，在长期的市场发展中，杭州市的开发商与购房者积累了一定的经验，决策更加理性，也更加有律可循。同时，杭州市住宅市场信息较为透明，为研究的开展奠定了基础。

③杭州市拥有丰富的教育资源，有利于研究城市教育资源的配置优化问题。截至 2017 年，杭州市全市共有 458 所小学、251 所初中、80 所高中、39 所高等院校以及 960 所幼儿园，丰富的研究对象为本书实证研究的开展提供了坚实的基础。但是与此同时，在城市高速发展和快速城镇化的过程中，杭州市教育资源配置等公共服务的承载压力和居民的生活压力与日俱增，因此，亟待深入开展有关研究来探索优化城市教育资源配置的科学方法。

本书选取杭州市的六个主城区作为研究对象，因为与萧山区、余杭区、富阳区和临安区这些后来撤市设区的新城区相比，这六个主城区的历史最为悠久，是杭州市的生活、行政、商业、金融、旅游和文化中心，占据着十分重要的地位。因此，这六个主城区的住房交易数据具有较强的代表性，最能反映杭州房地产市场和城市公共品配置的真实状况，因而更有助于得到可靠的实证结果。

第三节 变量选取

一、因变量的选取

本书尝试探索杭州市教育资源对住宅价格的异质演变机制,以杭州市六个主城区的住宅小区为基本分析单位,选取 2007—2017 年住宅小区的年度成交均价作为因变量。中国的住房市场主要由具备不同的基础设施和公共服务的住宅小区构成。位于同一小区内的住宅一般享有相同的配套设施等邻里特征和区位特征,所以,同一小区内住宅的每平方米成交均价基本接近。并且,住宅小区的平均成交价格是中国百姓进行购房决策的一个重要参考指标,因此本书选取住宅小区的每平方米成交均价作为因变量。国内学者广泛使用小区层面的数据进行基于特征价格框架的实证研究,许多这样的研究都发表在了国际期刊上,具备可靠性(Kong et al.,2007;Jiao et al.,2010;Feng et al.,2013;Zheng et al.,2016)。

为了使数据具有可比性,本书的研究对象主要包含多层和高层住宅,剔除了别墅和排屋等高价商品房的影响。此外,考虑到新建商品房的交易价格容易受到土地价格、市场环境和其他宏观因素(如政府控价)的影响,本书利用二手住宅的成交价格进行分析。为了探索城市教育资源的资本化效应在时间维度上的动态演变,本书收集了杭州市六个主城区 2007—2017 年共计 11 年时间跨度的二手住宅交易数据。本书主要从杭州市透明售房网获得 2007—2016 年的二手住宅交易数据,并从链家网获得 2017 年的二手住宅交易数据。对数据进行初步处理,并删去了录入偏误或者不完整的样本,最后共获得小区层面的 4626 个样本。

二、自变量的选取

根据文献研究发现,大量实证研究基于特征价格分析框架,从建筑特征、区位特征以及邻里特征三个方面分别确定住宅的特征变量并用于建立特征价格模型。本书遵循现有文献的思路,选取 7 个教育特征变量来表征各个阶段城市教育资源配置水平,这也是本书的主要兴趣变量;此外,选取 1 个建筑特征变量、5 个区位特征变量和 9 个邻里特征变量作为控制变量;共计 22 个自变量(表 3.2)。

表 3.2　本书采用的特征变量

类别	变量
教育特征变量	幼儿园数量、小学质量、初中质量、小学距离、初中距离、邻近高中、邻近大学
建筑特征变量	小区房龄
区位特征变量	武林广场距离、西湖距离、钱江新城距离、地铁站距离、公交线路
邻里特征变量	小区环境、生活配套、运动设施、物业管理、垃圾转运站距离、公园距离、邻近河流、邻近湖泊、邻近山景

(1)教育特征变量

一般而言，城市教育资源可以归入邻里特征的范畴内，因为本书的研究重点是城市教育资源的资本化效应，所以将教育特征变量与其他邻里特征变量区分开。本书主要从教育质量和可达性两个维度量化各个教育特征变量。

本书选取住宅小区1km范围内的幼儿园数量来衡量购房者获得幼儿园教育的便利性，从而间接反映幼儿园的邻近性。

义务教育阶段的小学和初中招生严格按照免试就近入学的原则，各个小学和初中根据杭州市教育局划定的学区范围进行招生，所有适龄入学儿童将在其户籍所在地所属的指定学校完成小学和初中阶段的学习。严格的学区制度的出发点是杜绝随意的择校行为，并规范学校的招生及收费管理制度。与西方国家不同的是，国内以投入或产出为基础的学校质量数据(如学生支出、师生比或考试分数)并不公开(Zheng et al.，2016)，因此本书结合了问卷调查、半结构化访谈以及政府公布的关于学校声望的相关文件，采用每个住宅小区所属学区内的小学质量和初中质量的分级指标来衡量义务教育阶段的教育资源水平。一些国内学者也采用了类似的方法，将小学或初中质量分为几个等级来考察学校质量的资本化效应(石忆邵等，2014；刘润秋等，2015)，也有部分西方研究采用相似的衡量方法并得到了稳健的估计结果(Brasington et al.，2012)。并且，本书计算了每个住宅小区至所属学区内小学或初中的最近直线距离，用以考察小学和初中的可达性对住宅价格的影响。

高中入学和幼儿园一样，不存在学区的限制，学生通过升学考试得到高中的就读机会。高中主要通过可达性影响住宅价格，邻近高中居住能够节约通勤时间和费用。因此，本书设置了虚拟变量邻近高中，即住宅小区1km范围内是否有高中，用以衡量高中的邻近性对周边住宅价格的影响。

大学能够为周边居民提供齐全的生活配套、优美的绿化景观、良好的治安环境,以及有活力的商业氛围,可能会在一定程度上提高周边的住宅价格。大学对住宅价格的影响主要体现在可达性方面,因此本书设置了虚拟变量邻近大学,即住宅小区 1km 范围内是否有大学,用以衡量大学的邻近性对住宅价格的影响。

(2)建筑特征变量

本书采用住宅小区层面的每平方米成交均价作为因变量,由此控制了建筑面积等因素产生的影响。本书主要采用小区的房龄作为建筑特征。房龄反映了住宅小区的新旧程度,对居住的舒适度有明显的影响。并且,由于我国住宅的土地使用年限为 70 年,房龄可能会影响住宅的成交价格。一般而言,在其他因素不变的情况下,房龄越大,住宅价格越低。

(3)区位特征变量

本书共采用 5 个区位特征变量来反映住宅小区所处位置的交通可达性和出行便利程度。较多文献采用至 CBD 的距离作为区位特征变量。杭州是一个典型的多中心城市,以三个 CBD 为代表:①武林广场是杭州历史最久的商业文化中心,具有许多重要的城市商业文化综合体;②钱江新城则是近年来在杭州市战略布局下发展起来的城市新兴 CBD,集行政、商业和金融于一体;③西湖作为著名的景观CBD,吸引着众多城市居民和外地游客。因此,本书采用至武林广场、钱江新城和西湖的直线距离来表征住宅小区的区位特征,衡量其所处地理位置的优越程度。一般而言,在其他因素不变的情况下,住宅小区至 CBD 的距离越近,其便利程度越好,住宅价格越高。

此外,本书还采用了住宅小区至地铁站点的距离和周边的公交线路数目这两个特征变量来表示住宅小区出行的便利程度。通常情况下,住宅小区至地铁站点的距离越近,出行便利程度越好,住宅价格越高。但是,难以直接判断公交线路数目对住宅价格的影响,因为一方面,公交线路的增加能为出行提供更多的便利并节省出行成本,但另一方面较多的公交车停靠和人群聚集会带来一定的交通拥挤及噪声污染。

(4)邻里特征变量

本书从居住的便利性和舒适性两方面入手,通过控制大量邻里特征的影响,以期得到无偏的估计结果。采用小区环境、生活配套、运动设施、物业管理、垃圾转运站距离、公园距离、邻近河流、邻近湖泊和邻近山景共计 9 个邻里特征来反映住宅小区的居住便利程度和舒适程度。首先,良好的小区内部环境有利于提升居民的居住舒适度,小区内部的运动设施配套能改善居民的身体健康水平,优质的物业管理水平有利于提高居民的日常生活质量并且减少住宅的折旧损失,这些因素都可能影响住宅小区的交易价格；其次，小区周边是否配备医院、超市、菜市场等生活必需场所会影响居民的生活便利度，齐全的生活配套能为居民节省出行时间和费用，是居民进行购房决策时的必要考虑因素；同时，邻近垃圾转运站可能会对居民的生活质量产生一定的负向影响；相对地，邻近公园、河流、湖泊以及山景这些绿化景观居住，能获得开阔的视野、清新的空气和低密度的生活空间，改善居住的舒适度和居住质量，可能是购房者关注的因素。

第四节 变量量化

一、数据来源

本书采用的二手住宅交易价格及相关建筑特征（如房龄）来自杭州市透明售房网和链家网，住宅价格为2007—2017年杭州市六个主城区住宅小区的年度成交均价。本书主要采用了多层和高层的成交数据，剔除了高价别墅或排屋的影响。丰富的住宅市场数据有助于实证分析的开展。

笔者和所在课题组通过长期的数据积累，得到了一系列特征变量。其中，部分小区内部的特征变量（如小区环境、运动设施和物业管理）和教育特征变量（如小学质量和初中质量）难以直接从互联网及房地产中介处获得，对其衡量的方法相对比较复杂。笔者所在的课题组一直以来对杭州市的住宅市场进行着持续、全面的研究，为了建立杭州市住宅小区及其配套设施的完整数据库，在2003年、2008年、2011年和2014年分别对杭州市主城区667个住宅小区进行了大规模的实地调研，并在各年度通过互联网等途径积累相关数据。通过问卷调查、实地调查以及半结构化访谈进行实地调研，从而得到有关住宅小区的居住环境、配套设施、物业服务等因素的第一手调查资料。各次调查的内容和形式大致统一，保证了调查的可持续性和变量的一致性。例如，2014年的住宅小区调查问卷如表3.3所示。实地调查的内容囊括了住宅小区的内部与外部环境、物业服务情况、运动设施配套等。半结构化访谈是指通过与小区居民、居委会和物业管理人员的沟通，了解小区所属的小学和初中学区以及学区的质量等情况。笔者结合杭州市教育局公布的学区划分和相关基础文件等互联网资料，进一步确认各住宅小区所属的小学和初中学区、学校质量和学校邻近性等教育特征。得益于这些年的数据积累，本书能够科学合理地量化各年度的特征变量。

同时，笔者和所在课题组利用电子地图（谷歌地图）衡量并积累了各年度杭州市住宅小区的部分区位特征、邻里特征和教育特征变量,包括 5 个区位特征变量(西湖距离、武林广场距离、钱江新城距离、地铁站距离和公交线路)、6 个邻里特征变量(生活配套、垃圾转运站距离、公园距离、邻近河流、邻近湖泊和邻近山景)和 3 个教育特征变量(幼儿园数量、邻近高中和邻近大学),并且结合问卷调查、实地调查和半结构化访谈得到的结果,进一步修正和确认相关特征变量。

表 3.3 住宅小区调查问卷

小区环境	绿化情况:□极差 □差 □一般 □好 □极好 卫生状况:□极差 □差 □一般 □好 □极好 空气质量:□极差 □差 □一般 □好 □极好 安静程度:□极差 □差 □一般 □好 □极好 小区内部环境总体质量:□极差 □差 □一般 □好 □极好
自然环境	小区外部环境:□极差 □差 □一般 □好 □极好 小区外 1km 范围内有: □邻近公园(名称_____) □邻近绿地(名称_____) □邻近河流(名称_____) □邻近湖泊(名称_____) □邻近山景(名称_____)
物业管理	物业管理服务质量:□极差 □差 □一般 □好 □极好
运动设施	小区内有:□老年活动室 □游泳池 □健身设施 □篮球场 □网球场 运动设施的总体质量:□极差 □差 □一般 □好 □极好
交通情况	小区周围 500m 内公交线路有_____条,分别为_____路 到市区繁华中心便利程度:□极差 □差 □一般 □好 □极好 邻近地铁:□是,名称_____,距离_____m;□否
周边氛围	小区内或附近 1km 内有:□超市 □菜市场 □银行 □邮局 □医院 □医院(名称_____) □幼儿园(名称_____) □小学(名称_____) □初中(名称_____) □高中(名称_____) □大专院校(名称_____)
治安环境	小区及其周边区域治安情况:□极差 □差 □一般 □好 □极好

二、教育特征的量化

本书采用幼儿园、小学、初中、高中和大学 5 个阶段的教育资源来衡量城市教育配套对住宅价格的影响,几乎覆盖了全部的教育资源类型。结合笔者及所在课题组在 2003 年、2008 年、2011 年、2014 年进行的大规模数据采集工作和各年度通过互联网等途径积累的相关基础数据,量化各个教育特征变量。由于义务教育阶段就近入学的学区制度,本书一方面采用质量分级法和距离可达性衡量小学和初中,另一方面,主要从可达性角度衡量幼儿园、高中和大学的配套水平,详细的量化方式如下。

(1)幼儿园

杭州市截至 2017 年已有约 960 所幼儿园,本书设置一个虚拟变量,从可达性角度衡量各年度住宅小区 1km 范围内的幼儿园数量,用以表征不同住宅小区获得幼儿园资源的便利程度。

(2)小学和初中

不同于民办学校通过考试或摇号等方式招生,公办学校的入学严格按照学生户籍所在地的学区执行,与住宅市场存在明显的联系,因此本书主要研究公办小学和初中的影响。本书对各个住宅小区所属学区内的小学和初中质量进行了分级,下面将详述具体方法。在 2003 年、2008 年、2011 年和 2014 年的 4 次大规模数据采集工作。主要包含以下几项内容。

①确定各小区的小学学区。通过杭州市教育局公布的各个学校的学区范围,并结合实地调研获得的问卷调查、半结构化访谈的结果,确定各个住宅小区样本所属学区内的小学。

②确定各小区的初中学区。在获得各个住宅小区所属的小学学区后,根据教育局公布的小学直升初中名录,并结合问卷调查、访谈调查结果,确定各个小区所属的初中学区。

③对杭州市小学和初中进行质量分级。国内对于中小学的重点划分和等级评定等信息并不公开,也难以获取诸如学生教师比、考试成绩、升学率等投入和产出的教育指标。因此,通过问卷调查和半结构化访谈收集的民众意见,并结合各年度浙江省教育厅或杭州市教育局等部门发布的相关官方基础文件(如素质教育标准学校评定结果和省级文明学校评定结果等),综合考虑后,对杭州市各小学和初中进行质量分级,共分为 3 级。表现较好的学校赋值 3 分,表现一般的学校赋值 2 分,表现较差的学校赋值 1 分。

④根据各个住宅小区所对应的学区,匹配各个小区的小学和初中教育质量变量。总的来说,绝大部分住宅小区所属的小学和初中学区以及学校的教学质量在短期内不会变化,因此本书将 2008 年的调查结果赋值给 2007—2009 年的样本,将2011 年的调查结果赋值给 2010—2013 年的样本,将 2014 年的调查结果赋值给2014—2017 年的样本。

　　表 3.4 和表 3.5 展示了通过 2014 年的调查工作获得的研究范围内各小学和初中质量量化情况。除此之外,笔者和所在课题组利用电子地图(谷歌地图)获取并积累了各年度各住宅小区样本至所属学区内小学和初中的最近直线距离,用以探索小学和初中的可达性的影响。

表 3.4　研究区域内小学质量量化情况

小学学区名称	打分
学军小学(本部、紫金港校区)、天长小学、胜利小学(钱塘校区、赞成校区)、长寿桥小学(本部、凤起校区、孩儿校区)、采荷第二小学、求是浙大附小、文三街小学(本部、文苑校区、嘉绿苑校区)、求是竞舟小学、求是星洲小学、安吉路小学、保俶塔实验学校(松木场校区、申花路校区)、卖鱼桥小学(湖墅校区、文澜校区)	3 (20 所)
杭州师范大学第一附属小学(钱江校区、吴山校区)、采荷第三小学(本部)、江南实验学校(本部、彩虹城分校)、金都天长学校、采荷第一小学(双菱校区、钱江苑校区)、春芽实验小学、大成实验学校、省府路秋水苑小学、西湖小学(本部、文新校区、府苑校区)、闻涛小学、德胜小学德胜校区、拱宸桥小学(永宁校区、左岸校区)、古荡小学、青蓝小学、行知小学、杭州师范大学第一附属小学	2 (22 所)
人民小学、九莲小学、刀茅巷小学、三墩镇小学(本部、大禹路校区)、大关附属小学、大关第一小学、大学路小学、上城区教师进修学校附属小学、天水小学、天杭实验学校、长青小学、长河小学长河校区、文一街小学(本部、秀水校区、塘北校区、政苑校区)、文龙巷小学、东园小学、东城小学、东城实验学校、四季青小学、市教科所附属小学(复兴一小)、教师进修学校附属小学(复兴二小)、永天小学、西兴实验小学、西溪实验学校、回族穆兴小学、江心岛小学、艮山路小学、抚宁巷小学、饮马巷小学、现代二区小学、现代小学现代校区、现代六区小学、茅以升实验学校、杭州市实验外国语小学、杭钢小学、和睦小学、京都小学(京都校区、流水校区)、宗文小营实验学校、建新小学、始板桥小学、拱墅进修附属小学、南肖埠小学、省教研室附属小学、秋涛路小学、胜蓝小学(阳光校区、东新园校区)、娃哈哈小学、莫干山路小学、高银巷小学、浦沿小学(滨文校区、浦沿校区、东冠分校、山二分校)、清泰实验学校、博文小学、朝晖一区小学、朝晖七区小学、朝晖五区小学、紫阳小学、景成实验学校、景华小学、富强小学、新华小学、滨江第一小学、滨兴学校、翠苑第一小学(翠苑校区、文华校区)、翠苑第二小学、德天实验小学、濮家小学、明珠实验学校、大关苑第一小学、采荷第三小学(江锦校区)、彩虹城小学、饮马井巷小学、杭州天成教育集团闸弄口校区	1 (80 所)

表3.5 研究区域内初中质量量化情况

初中学区名称	打分
杭州市第十三中学、风帆中学、春蕾中学、安吉路实验学校、北京师范大学杭州附属中学（勇进中学）、江南实验学校	3（6所）
保俶塔实验学校（本部、申花路校区）、采荷中学（采荷校区、濮家校区）、朝晖中学、杭州市第十五中学（本部、西溪校区）、翠苑中学翠苑校区、大成实验学校、丰潭中学、大关中学、青春中学（前进校区、东新园校区）	2（13所）
行知中学、三墩中学、天杭实验学校、长河中学、文晖中学、东城实验学校拱宸中学、北苑中学、四季青中学、西兴中学、西溪实验学校、江城中学、杭州大东城中学、杭州第十中学、杭州第六中学、知行中学、和睦中学、闸弄口中学、建兰中学开元分校、清河中学、清泰实验学校、蒋村中学、景成实验学校、浦沿中学、景华中学、景芳中学、滨兴学校、惠兴中学、明珠实验学校	1（28所）

（3）高中和大学

不同于小学和初中，高中和大学主要通过邻近性影响居民的生活。邻近高中居住能够带来就学的便利性，而邻近大学居住能免费享受便利的生活配套和优质的居住环境，因此可以利用可达性来衡量高中和大学对住宅市场的影响。本书设置两个虚拟变量，即各年度住宅小区1km范围内是否拥有高中或者大学，用以衡量高中和大学的邻近程度，从而研究其资本化效应。

三、其他特征的量化

本书采用了4种方法衡量其他自变量。

①直接测量法。主要通过实地调研和电子地图等途径直接获取各年度各个变量的数值大小，有利于反映客观真实情况。比如通过电子地图（谷歌地图）直接测量所有的距离变量，如西湖距离、武林广场距离、钱江新城距离、地铁站距离、垃圾转运站距离和公园距离；通过电子地图的搜索功能并结合问卷调查的结果，测量了各年度住宅小区周边的公交线路数目；以及从透明售房网处和链家网获得房龄数据。

②分级赋值法。采用5点Likert（利克特）量表，用5个等级分别表征特征变量的不同水平，由最高分5分至最低分1分，分别表示好、较好、一般、较差和差5个等级。采用这种衡量方法的特征变量主要有小区环境和物业管理，通过问卷调查的分级打分结果整理而获得。

③内容总和法。例如，衡量生活配套时，结合电子地图和问卷调查的结果确

定小区 1km 范围内是否有医院、银行、农贸市场、超市和邮局,每个项目记 1 分,各项的总和作为生活配套的分值,总计 5 分。这种方法能在考虑多个因素影响的同时,有效减少模型中变量的个数,避免潜在的共线性问题。运动设施也通过这一方法衡量,根据实地调查和问卷调查的结果,采用小区内配备的各项运动设施(如游泳池、老年活动室、健身设施、网球场、篮球场、乒乓球场、羽毛球场、儿童游乐园)的数目总和进行衡量。

④虚拟变量法。通过划定住宅小区周边的一定范围,借助电子地图确定各年度在该范围内是否存在某种设施来表征该设施的可获得性。若有,则赋值为 1,反之为 0。虚拟变量法被用于衡量邻近河流、邻近湖泊和邻近山景这 3 个邻里特征。

小区环境、物业管理和运动设施这 3 个小区内部特征采用与小学和初中质量同样的赋值规则得到各年度的数值,其余变量则通过笔者和所在课题组在各年间的数据积累工作获得。本书的所有住宅特征变量的含义及其量化方式如表 3.6 所示。

表 3.6　住宅特征变量的含义及其量化方式

特征分类	特征名称	具体含义	预期符号
教育特征	幼儿园数量	小区周边 1 km 内幼儿园数量	＋
	小学质量	小区所属学区内的小学质量综合评分,分为 3 个等级:质量较高(3 分),质量一般(2 分),质量较差(1 分)	＋
	初中质量	小区所属学区内的初中质量综合评分,分为 3 个等级:质量较高(3 分),质量一般(2 分),质量较差(1 分)	＋
	小学距离	小区中心到所属学区内的小学的最近直线距离,单位:km	－
	初中距离	小区中心到所属学区内的初中的最近直线距离,单位:km	－
	邻近高中	虚拟变量,小区 1 km 内有高中为 1,反之为 0	＋
	邻近大学	虚拟变量,小区 1 km 内有大学为 1,反之为 0	＋
建筑特征	小区房龄	住宅的房龄,单位:年	－
区位特征	武林广场距离	小区中心到武林广场的最近直线距离,单位:km	－
	西湖距离	小区中心到西湖的最近直线距离,单位:km	－
	钱江新城距离	小区中心到钱江新城的最近直线距离,单位:km	－
	地铁距离	小区中心到最近地铁站点的直线距离,单位:km	－
	公交线路	小区周围 500m 内公交线路数目,单位:条(2007—2010 年) 小区周围 1km 内公交线路数目,单位:条(2011—2017 年)	＋/－

续表

特征分类	特征名称	具体含义	预期符号
邻里特征	小区环境	小区内部环境综合评分,共 5 个等级:好(5 分)、较好(4 分)、一般(3 分)、较差(2 分)、差(1 分)	+
	生活配套	小区中心 1km 内是否有医院、银行、农贸市场、超市和邮局,每项 1 分,各项总计 5 分	+
	运动设施	小区是否配备游泳池、老年活动室、健身设施、网球场、篮球场,每一项为 1 分,共计 5 分(2007—2010 年) 小区是否配备游泳池、老年活动室、健身设施、网球场、篮球场、乒乓球场、羽毛球场、儿童游乐园,每一项为 1 分,共计 8 分(2011—2017 年)	+
	物业管理	小区物业服务水平,共 5 个等级:好(5 分)、较好(4 分)、一般(3 分)、较差(2 分)、差(1 分)	+
	垃圾转运站距离	小区中心到垃圾转运站的最近直线距离,单位:km	+
	公园距离	小区中心到公园的最近直线距离,单位:km	−
	邻近河流	虚拟变量,小区 1km 内有河流为 1,其他为 0	+
	邻近湖泊	虚拟变量,小区 1km 内有湖泊(除西湖外)为 1,其他为 0	+
	邻近山景	虚拟变量,小区 1km 内有山为 1,其他为 0	+

四、数据的描述性统计

本书采用杭州市六个主城区 2007—2017 年的二手住宅小区年度成交均价作为因变量,剔除缺失值和异常值(标准化残值大于 3 的样本)后共计得到 4626 个样本。各年度的样本数量详见表 3.7。

如上节所述,本书共采用 22 个特征变量构建特征价格分析框架,包括 7 个教育特征变量、1 个建筑特征变量、5 个区位特征变量和 9 个邻里特征变量。由于杭州市第一条地铁线路于 2012 年 11 月 24 日正式开通,因此认为地铁站距离这一变量从 2013 年起有效。除此之外,各年度特征变量的选取保持一致。各年度的住宅价格和特征变量的描述性统计详见附录 2。从描述性统计中可以看出,杭州市六个主城区在 2007—2017 年的住宅小区均价分别为 10270 元/m²、12803 元/m²、15294 元/m²、20846 元/m²、22691 元/m²、21291 元/m²、22287 元/m²、20866 元/m²、20498 元/m²、24152 元/m² 和 28949 元/m²,波动趋势与杭州市住宅市场的实际情况吻合。

表 3.7　2007—2017 年住宅小区的样本数量

年份	2007	2008	2009	2010	2011	2012	2013	2014	2015	2016	2017	总计
样本数	286	291	295	312	490	508	508	507	505	450	474	4626

第五节　本章小结

本章回顾了中国和杭州市的教育资源背景，介绍了本书的研究区域、变量的选取和量化方式，并展示了本书采用的所有变量在 2007—2017 年的空间分布情况和描述性统计。

首先，本书选取杭州市六个主城区作为研究区域，采用 2007—2017 年的二手住宅交易数据来研究城市教育资源资本化效应的异质演变机理。选取杭州市作为研究区域主要出于以下三点原因：①杭州作为长三角地区的核心城市之一和世界闻名的电子商务之都，具有较强的研究代表性；②杭州市具备成熟的住房市场，有助于开展城市教育资源资本化效应的研究；③杭州市拥有丰富的教育资源，有利于研究城市教育资源的配置问题。

其次，本书依据特征价格分析框架，选取小区层面的二手住宅交易均价作为因变量，并选取了 7 个教育特征作为主要的兴趣变量，并选取 1 个建筑特征、5 个区位特征以及 9 个邻里特征作为控制变量，也就是说，共采用 22 个变量作为各年度住宅价格的特征变量体系。

再次，本章介绍了本书的数据来源。本书的住宅价格数据来源于杭州市透明售房网和链家网，其余特征变量分别通过实地调研、问卷调查、半结构化访谈、电子地图及互联网等方式获取。

最后，本章详细介绍了所有特征变量的量化方式，采用了多种方法（如直接测量法、分级赋值法、内容总和法和虚拟变量法）衡量各个特征变量，并展示了各年度变量的空间分布情况和描述性统计情况。

第四章　教育资源资本化的平均效应：
基于时间维度的整体分析

本章采用传统的特征价格模型和考虑了住宅价格空间自相关性的空间计量模型（SLM 和 SEM），从全局角度探索城市教育资源的平均资本化效应；通过比较各个时间截面的回归结果，进一步分析教育资源资本化效应的动态演变。

第一节　基于特征价格模型的实证

一、特征价格模型的设定

本书采用 2007—2017 年杭州市六个主城区的住宅小区成交均价作为被解释变量，分年度利用特征价格模型进行实证分析。初步采用 22 个自变量，包括 7 个教育特征变量（幼儿园数量、小学质量、初中质量、小学距离、初中距离、邻近高中和邻近大学）和 15 个控制变量，其中包含 1 个建筑特征变量（房龄）、5 个区位特征变量（武林广场距离、西湖距离、钱江新城距离、地铁站距离和公交线路）和 9 个邻里特征变量（小区环境、生活配套、运动设施、物业管理、垃圾转运站距离、公园距离、邻近河流、邻近湖泊和邻近山景）。特征变量的量化方式、样本数量、样本空间分布和描述性统计已在上一章中详述。各年度特征变量的选取基本保持一致，仅地铁站距离这一变量从 2013 年起有效（杭州市第一条地铁线路于 2012 年 11 月 24 日正式开通）。

在构建特征价格模型时，首先需要确定模型的函数形式。特征价格模型常见的函数形式有 4 种，分别是线性形式、对数形式、对数线性形式和半对数形式。本书分别采用这 4 种函数形式进行特征价格模型回归，参考杭州市开展的已有相关实证研究（毛丰付等，2014；褚露虹，2018），经过多次尝试和对比，发现对数形式的特征价格模型具有最佳的拟合优度和较好的自变量显著情况。因此，本书在后续的实证研究中采用对数函数形式进行回归分析。许多已有研究也采取了同样的函数形式，Nguyen-Hoang 等(2011)回顾了 50 篇有关教育资源资本化效应的实证研究，其中 43 篇都采用了对数形式的特征价格模型，证明了这一函数形式的可靠性与通用性。本书将因变量(小区均价)和自变量中取值为正的连续变量(如房龄、公交线路和所有距离变量)取对数并纳入模型。本书还囊括了一些分级变量和虚拟变量，为了直观估计这些变量的单位变动对住宅价格的影响，得到便于解释的、具有客观实际意义的估计结果，本书将这些变量采用线性形式直接纳入模型中，许多现有文献也采用了这一方法(Zhang et al.，2013；Wen et al.，2014a；Wen et al.，2014b；杨尚，2013)。

本书采用的特征价格模型设定如式(4.1)所示：
$$\ln P = \alpha_0 + \omega_m \ln E_m + \delta_l E_l + \alpha_1 \ln S + \beta_i \ln L_i + \gamma_j \ln N_j + \theta_k N_k + \varepsilon$$
$$(m=1,2；l=1,2,\cdots,5；i=1,2,\cdots,5；j=1,2；k=1,2,\cdots,7) \qquad (4.1)$$
其中，E_m 表示小学距离和初中距离；E_l 表示其他教育特征；S 表示建筑特征；L_i 表示区位特征；N_j 表示连续的邻里特征；N_k 表示其他邻里特征；$\alpha_0,\omega_m,\delta_l,\alpha_1,\beta_i,\gamma_j$ 和 θ_k 为待估计参数；ε 为误差项。

二、教育特征变量的选取

对于幼儿园、高中和大学，本书参考已有文献中较为一致的量化方式(陈挑等，2010；温海珍等，2013；Feng et al.，2013；Wen et al.，2014b；杨尚，2013)，分别采用幼儿园数量、邻近高中和邻近大学描述不同住宅小区关于幼儿园、高中和大学的可达性，而许多研究同时采用质量和距离量化小学和初中教育资源，因此本书对于小学和初中，分别采用小学质量和初中质量以及小学距离和初中距离进行量化。

本节首先着重对比采用质量和距离两种方法量化小学和初中教育资源的合理性，进而判断后续研究构建模型时应采用哪种量化方式，或是否需要同时采用这两种方法。为了确定合适的量化方式，首先在各年度分别对两种教育特征变量组合进行特征价格模型回归。表 4.1 列出了 2015—2017 年的回归结果(后文各表中 Coe. 代表回归系数；Std. 代表标准误差；Sig. 代表 p 值)，其余年度的结果也呈现出相同的规律，说明了结果的稳健性。回归结果显示，各个模型的拟合优度较为理想，并且各年度中采用质量量化小学和初中的模型(M_1、M_3 和 M_5)的拟合优度高于采用距离量化的模型(M_2、M_4 和 M_6)，这说明用小学和初中质量量化的模型具有更好的解释能力。并且，小学质量和初中质量在各个模型中均在 1% 的显著性水平下正向影响住宅价格，但是小学和初中距离的回归系数在各个模型中基本

表 4.1 2015—2017 年两组教育特征变量的特征价格模型回归结果

参数	2017年(M_1) Coe.	Sig.	2017年(M_2) Coe.	Sig.	2016年(M_3) Coe.	Sig.	2016年(M_4) Coe.	Sig.	2015年(M_5) Coe.	Sig.	2015年(M_6) Coe.	Sig.
（常量）	10.605***	0.000	10.989***	0.000	10.465***	0.000	10.742***	0.000	10.076***	0.000	10.411***	0.000
幼儿园数量	0.000	0.993	0.002	0.338	0.001	0.429	0.003	0.102	0.002	0.285	0.004**	0.031
小学质量	0.061***	0.000			0.048***	0.000			0.053***	0.000		
初中质量	0.059***	0.000			0.056***	0.000			0.060***	0.000		
ln 小学距离			−0.015	0.245			−0.011	0.301			−0.010	0.290
ln 初中距离			0.033	0.109			0.041	0.200			0.032	0.112
邻近高中	−0.006	0.779	0.004	0.859	0.010	0.551	0.022	0.234	0.013	0.374	0.027	0.112
邻近大学	0.040*	0.054	0.054**	0.011	0.049***	0.005	0.061***	0.001	0.044***	0.003	0.050***	0.003
ln 房龄	−0.132***	0.000	−0.129***	0.000	−0.147***	0.000	−0.142***	0.000	−0.065***	0.004	−0.059**	0.022
ln 武林广场距离	0.002	0.943	−0.045*	0.081	0.021	0.348	−0.021	0.333	−0.031*	0.089	−0.082***	0.000
ln 西湖距离	−0.228***	0.000	−0.254***	0.000	−0.246***	0.000	−0.259***	0.000	−0.220***	0.000	−0.231***	0.000
ln 钱江新城距离	−0.075***	0.002	−0.088***	0.001	−0.066***	0.001	−0.081***	0.000	−0.089***	0.000	−0.089***	0.000
ln 地铁距离	−0.049***	0.000	−0.056***	0.000	−0.035***	0.000	−0.035***	0.000	−0.020**	0.010	−0.026**	0.004
ln 公交线路	−0.033	0.225	−0.073***	0.010	−0.033	0.157	−0.069***	0.004	−0.026	0.189	−0.074***	0.001
小区环境	0.003	0.834	−0.013	0.322	0.018*	0.098	0.008	0.458	0.012	0.216	−0.009	0.405
生活配套	0.013	0.218	0.012	0.278	0.009	0.283	0.020**	0.033	0.014**	0.065	0.024***	0.007
运动设施	0.030***	0.000	0.036***	0.000	0.031***	0.000	0.036***	0.000	0.015***	0.001	0.019***	0.000
物业管理	0.039***	0.000	0.045***	0.000	0.023**	0.014	0.029***	0.002	0.039***	0.000	0.049***	0.000
ln 垃圾转运站距离	0.069***	0.000	0.099***	0.000	0.057***	0.000	0.081***	0.000	0.061***	0.000	0.087***	0.000
ln 公园距离	−0.030**	0.046	−0.039***	0.013	−0.030**	0.011	−0.037***	0.003	−0.031***	0.002	−0.045***	0.000
邻近河流	0.009	0.640	0.006	0.757	−0.004	0.817	−0.010	0.592	0.008	0.574	0.002	0.899
邻近湖泊	0.054	0.355	0.106*	0.083	0.024	0.629	0.054	0.303	0.083**	0.054	0.131***	0.008
邻近山景	0.025	0.510	0.015	0.703	−0.039	0.196	−0.039	0.215	0.026	0.327	0.014	0.659
R^2	0.506		0.457		0.579		0.539		0.651		0.559	
F	25.270***	0.000	20.895***	0.000	31.918***	0.000	27.299***	0.000	47.933***	0.000	33.145***	0.000
N	474		474		450		450		505		505	

*** 表示在1%的显著性水平下显著；** 表示在5%的显著性水平下显著；* 表示在10%的显著性水平下显著。

不显著,这说明用质量表示小学和初中的方法更加合理,这也是许多实证研究中常见的做法(Brasington et al.,2012;石忆邵等,2014;刘润秋等,2015)。产生这一结果的原因是地方教育局根据就近入学的原则——划分小学和初中的招生范围,在此过程中综合考虑了学校的办学规模、招生计划以及不同地区的人口密度、上学距离等因素,因此一般而言,住宅小区不会离学校太远,购房者在购买住宅时首要关心的因素是住宅小区所属学区内小学或初中的质量高低,而非距离远近。一些已有研究也得到了类似的结论,发现小学或初中的可达性并不是影响住宅价格的重要因素,其质量才是(杨尚,2013;赵旭,2015)。

由于各年度的回归模型中,小学距离和初中距离这两个变量基本不显著,而小学质量和初中质量则在各个模型中显著影响住宅价格,因此本书在后续构建模型时主要采用小学质量和初中质量来量化不同住宅小区拥有的义务教育资源情况,最终,确定了本书的教育特征变量体系,选取幼儿园数量、小学质量、初中质量、邻近高中和邻近大学这 5 个变量反映各阶段教育资源的配置情况。

三、回归结果与讨论

本书利用 SPSS 软件进行特征价格模型的估计。由于回归结果涉及较长的时间跨度和较多的特征变量,因此,为了直观分析教育资源的资本化效应,笔者特将2007—2017 年各个教育特征变量的特征价格模型结果单独整理,如表 4.2 所示。完整的特征价格模型回归结果如表 4.3 所示。

表 4.2　2007—2017 年教育特征变量的特征价格模型回归结果

参数	年份										
	2007	2008	2009	2010	2011	2012	2013	2014	2015	2016	2017
幼儿园数量	0.001	0.001	0.001	0.004**	0.001	0.003*	0.003*	0.002	0.002	0.001	0.000
小学质量	0.027**	0.037***	0.036***	0.033***	0.025***	0.031***	0.042***	0.051***	0.053***	0.048***	0.061***
初中质量	0.035***	0.034**	0.042***	0.053***	0.040***	0.045***	0.055***	0.064***	0.060***	0.056***	0.059***
邻近高中	−0.012	−0.020	−0.016	0.012	0.000	0.012	0.020	0.020	0.013	0.010	−0.006
邻近大学	0.010	0.002	0.014	0.014	0.031**	0.028**	0.027	0.041***	0.044***	0.049***	0.040*

*** 表示在1%的显著性水平下显著;** 表示在5%的显著性水平下显著;* 表示在10%的显著性水平下显著。

表 4.3　2007—2017 年特征价格模型回归结果（完整）

参数	2007年				2008年				2009年			
	Coe.	Std.	Sig.	VIF	Coe.	Std.	Sig.	VIF	Coe.	Std.	Sig.	VIF
（常量）	9.279***	0.092	0.000		9.644***	0.104	0.000		9.797***	0.102	0.000	
幼儿园数量	0.001	0.002	0.695	1.610	0.001	0.002	0.561	1.575	0.001	0.002	0.642	1.580
小学质量	0.027**	0.012	0.020	1.393	0.037***	0.012	0.003	1.364	0.036***	0.012	0.002	1.335
初中质量	0.035***	0.013	0.006	1.257	0.034**	0.014	0.012	1.254	0.042***	0.013	0.001	1.263
邻近高中	−0.012	0.019	0.527	1.318	−0.020	0.021	0.338	1.330	−0.016	0.020	0.407	1.324
邻近大学	0.010	0.020	0.631	1.309	0.002	0.022	0.930	1.318	0.014	0.021	0.499	1.311
ln 房龄	−0.045***	0.014	0.002	1.561	−0.090***	0.017	0.000	1.564	−0.099***	0.019	0.000	1.624
ln 武林广场距离	−0.051**	0.024	0.031	2.623	−0.057**	0.026	0.028	2.770	−0.044*	0.025	0.077	2.788
ln 西湖距离	−0.110***	0.026	0.000	2.866	−0.121***	0.028	0.000	2.901	−0.117***	0.027	0.000	2.899
ln 钱江新城距离	0.013	0.023	0.577	2.481	−0.011	0.025	0.671	2.360	−0.019	0.023	0.416	2.305
ln 地铁距离												
ln 公交线路	0.017	0.014	0.214	1.193	−0.023	0.015	0.127	1.233	−0.032*	0.014	0.023	1.256
小区环境	0.022	0.015	0.151	3.397	0.025	0.017	0.139	3.474	0.033**	0.016	0.039	3.503
生活配套	0.000	0.014	0.998	1.420	0.002	0.015	0.876	1.437	0.014	0.014	0.330	1.479
运动设施	0.037***	0.012	0.002	1.747	0.046***	0.013	0.000	1.780	0.029**	0.012	0.016	1.752
物业管理	0.015	0.014	0.286	3.861	0.012	0.015	0.433	3.810	0.010	0.015	0.511	3.857
ln 垃圾转运站距离	−0.056***	0.020	0.006	3.525	−0.058***	0.020	0.005	3.078	−0.056***	0.019	0.004	3.014
ln 公园距离	−0.015	0.013	0.264	1.221	−0.020	0.015	0.168	1.230	−0.025*	0.014	0.076	1.231
邻近河流	0.027	0.019	0.166	1.173	0.011	0.021	0.587	1.176	0.008	0.020	0.686	1.174
邻近湖泊	0.060	0.051	0.237	1.177	0.039	0.053	0.459	1.156	0.042	0.050	0.404	1.154
邻近山景	0.119***	0.036	0.001	1.399	0.115***	0.039	0.003	1.389	0.100***	0.037	0.008	1.386
Adj-R^2	0.496				0.527				0.528			
F	15.772***				17.988***				18.286***			
N	286				291				295			

*** 表示在 1% 的显著性水平下显著；** 表示在 5% 的显著水平下显著；* 表示在 10% 的显著性水平下显著。

续表

参数	2010年				2011年				2012年			
	Coe.	Std.	Sig.	VIF	Coe.	Std.	Sig.	VIF	Coe.	Std.	Sig.	VIF
（常量）	10.004***	0.096	0.000		10.004***	0.100	0.000		9.908***	0.097	0.000	
幼儿园数量	0.004**	0.002	0.030	1.718	0.001	0.002	0.470	1.952	0.003*	0.001	0.059	1.915
小学质量	0.033***	0.011	0.002	1.314	0.025***	0.008	0.003	1.296	0.031***	0.008	0.000	1.290
初中质量	0.053***	0.012	0.000	1.291	0.040***	0.010	0.000	1.585	0.045***	0.009	0.000	1.578
邻近高中	0.012	0.018	0.502	1.343	0.000	0.015	0.980	1.536	0.012	0.014	0.391	1.505
邻近大学	0.014	0.019	0.466	1.359	0.031**	0.015	0.035	1.411	0.028**	0.014	0.040	1.415
ln 房龄	-0.054***	0.019	0.006	1.797	-0.047***	0.015	0.001	2.444	-0.027*	0.016	0.086	2.454
ln 武林广场距离	-0.057**	0.022	0.012	3.127	-0.035*	0.018	0.052	4.285	-0.032*	0.017	0.064	4.175
ln 西湖距离	-0.098***	0.025	0.000	2.900	-0.200***	0.020	0.000	3.743	-0.207***	0.018	0.000	3.735
ln 钱江新城距离	-0.054***	0.021	0.009	2.108	-0.095***	0.017	0.000	2.459	-0.077***	0.016	0.000	2.448
ln 地铁距离												
ln 公交线路	-0.022	0.013	0.088	1.554	0.037*	0.020	0.066	3.616	0.013	0.018	0.472	3.349
小区环境	0.018	0.015	0.232	3.811	0.027***	0.009	0.003	2.150	0.027***	0.009	0.002	2.130
生活配套	0.006	0.012	0.629	1.912	0.010	0.008	0.186	2.129	0.011	0.007	0.133	2.053
运动设施	0.039***	0.011	0.000	1.720	0.011**	0.005	0.014	1.693	0.012***	0.004	0.008	1.675
物业管理	0.007	0.013	0.584	4.107	0.030***	0.008	0.000	2.694	0.036***	0.007	0.000	2.581
ln 垃圾转运站距离	-0.009	0.016	0.543	2.531	0.057***	0.013	0.000	3.247	0.037***	0.012	0.003	3.216
ln 公园距离	-0.024*	0.013	0.059	1.321	-0.036***	0.010	0.000	1.453	-0.037***	0.009	0.000	1.416
邻近河流	0.003	0.018	0.869	1.173	0.014	0.014	0.325	1.113	0.019	0.013	0.165	1.114
邻近湖泊	0.048	0.046	0.299	1.149	0.075*	0.042	0.075	1.090	0.063	0.040	0.117	1.088
邻近山景	0.134***	0.034	0.000	1.355	0.030	0.026	0.259	1.315	0.029	0.024	0.244	1.374
Adj-R^2	0.510				0.615				0.665			
F	18.044***				42.049***				53.953***			
N	312				490				508			

***表示在1%的显著性水平下显著；**表示在5%的显著水平下显著；*表示在10%的显著性水平下显著。

续表

参数	2013年				2014年				2015年			
	Coe.	Std.	Sig.	VIF	Coe.	Std.	Sig.	VIF	Coe.	Std.	Sig.	VIF
（常量）	9.891***	0.114	0.000		9.929***	0.118	0.000		10.076***	0.118	0.000	
幼儿园数量	0.003*	0.002	0.071	2.004	0.002	0.002	0.179	2.023	0.002	0.002	0.285	1.899
小学质量	0.042***	0.008	0.000	1.294	0.051***	0.008	0.000	1.293	0.053***	0.008	0.000	1.273
初中质量	0.055***	0.010	0.000	1.589	0.064***	0.010	0.000	1.582	0.060***	0.010	0.000	1.566
邻近高中	0.020	0.015	0.173	1.506	0.020	0.015	0.193	1.525	0.013	0.015	0.374	1.479
邻近大学	0.027*	0.014	0.062	1.431	0.041***	0.015	0.006	1.446	0.044***	0.015	0.003	1.414
ln 房龄	-0.024	0.019	0.192	2.449	-0.018	0.021	0.374	2.492	-0.065***	0.022	0.004	2.477
ln 武林广场距离	-0.007	0.018	0.686	4.546	-0.006	0.019	0.748	4.637	-0.031*	0.018	0.089	4.193
ln 西湖距离	-0.179***	0.020	0.000	3.982	-0.201***	0.020	0.000	3.981	-0.220***	0.020	0.000	3.751
ln 钱江新城距离	-0.100***	0.023	0.000	4.560	-0.104***	0.023	0.000	4.540	-0.089***	0.017	0.000	2.541
ln 地铁距离	0.011	0.012	0.338	4.327	0.016	0.012	0.175	4.287	-0.020***	0.008	0.010	1.331
ln 公交线路	0.015	0.019	0.418	3.374	-0.018	0.019	0.351	3.427	-0.026	0.020	0.189	3.546
小区环境	0.010	0.009	0.287	2.123	0.004	0.009	0.643	2.139	0.012	0.009	0.216	2.114
生活配套	0.015*	0.009	0.100	2.864	0.013	0.009	0.138	2.842	0.014*	0.008	0.065	2.071
运动设施	0.011**	0.005	0.019	1.710	0.013***	0.005	0.006	1.720	0.015***	0.005	0.001	1.679
物业管理	0.036***	0.008	0.000	2.602	0.044***	0.008	0.000	2.666	0.039***	0.008	0.000	2.653
ln 垃圾转运站距离	0.049***	0.013	0.000	3.262	0.040***	0.013	0.003	3.280	0.061***	0.013	0.000	3.225
ln 公园距离	-0.029***	0.010	0.003	1.412	-0.028***	0.010	0.007	1.427	-0.031*	0.010	0.002	1.454
邻近河流	0.008	0.014	0.555	1.111	0.005	0.015	0.735	1.116	0.008	0.014	0.574	1.116
邻近湖泊	0.060	0.043	0.157	1.101	0.076*	0.044	0.081	1.101	0.083*	0.043	0.054	1.093
邻近山景	0.024	0.026	0.364	1.362	0.004	0.026	0.883	1.402	0.026	0.027	0.327	1.365
Adj-R²	0.603				0.626				0.651			
F	39.461***				43.430***				47.933***			
N	508				507				505			

*** 表示在1%的显著性水平下显著；** 表示在5%的显著性水平下显著；* 表示在10%的显著性水平下显著。

续表

参数	2016年				2017年			
	Coe.	Std.	Sig.	VIF	Coe.	Std.	Sig.	VIF
（常量）	10.465***	0.143	0.000		10.605***	0.175	0.000	
幼儿园数量	0.001	0.002	0.429	1.874	0.000	0.002	0.993	1.819
小学质量	0.048***	0.010	0.000	1.280	0.061***	0.012	0.000	1.301
初中质量	0.056***	0.011	0.000	1.479	0.059***	0.014	0.000	1.555
邻近高中	0.010	0.017	0.551	1.488	-0.006	0.020	0.779	1.466
邻近大学	0.049**	0.017	0.005	1.449	0.040*	0.021	0.054	1.456
ln 房龄	-0.147***	0.028	0.000	2.529	-0.132***	0.035	0.000	2.366
ln 武林广场距离	0.021	0.022	0.348	3.997	0.002	0.026	0.943	4.350
ln 西湖距离	-0.246***	0.023	0.000	3.666	-0.228***	0.029	0.000	3.914
ln 钱江新城距离	-0.066***	0.020	0.001	2.565	-0.075***	0.025	0.002	2.579
ln 地铁距离	-0.035***	0.009	0.000	1.396	-0.049***	0.013	0.000	1.448
ln 公交线路	-0.033	0.023	0.157	3.449	-0.033	0.027	0.225	3.451
小区环境	0.018*	0.011	0.098	2.231	0.003	0.013	0.834	2.183
生活配套	0.009	0.009	0.283	2.106	0.013	0.011	0.218	2.193
运动设施	0.031***	0.005	0.000	1.714	0.030***	0.007	0.000	1.693
物业管理	0.023**	0.009	0.014	2.761	0.039***	0.011	0.000	2.634
ln 垃圾转运站距离	0.057***	0.016	0.000	3.176	0.069***	0.018	0.000	3.075
ln 公园距离	-0.030**	0.012	0.011	1.444	-0.030**	0.015	0.046	1.600
邻近河流	-0.004	0.017	0.817	1.109	0.009	0.020	0.640	1.105
邻近湖泊	0.024	0.050	0.629	1.118	0.054	0.058	0.355	1.100
邻近山景	-0.039	0.030	0.196	1.395	0.025	0.038	0.510	1.394
Adj-R^2	0.579				0.506			
F	31.918***				25.270***			
N	450				474			

*** 表示在1%的显著性水平下显著；** 表示在5%的显著性水平下显著；* 表示在10%的显著性水平下显著。

各个模型均通过了模型检验，并且拟合优度较为理想。11 个回归模型的方差分析 F 值在 15.772 至 53.953 之间，均在 1% 的显著性水平下显著，说明所有模型中住宅价格与各个自变量之间存在显著的关系；11 个模型的调整后 R^2 介于 0.496 和 0.665 之间，说明方程的拟合优度较为理想，解释能力较好；11 个模型中所有变量的方差膨胀因子（VIF）均小于 10，说明各个自变量间没有严重的共线性问题；此外，各个模型均通过了异方差检验、杜宾—瓦特森（D-W）检验和残差正态性检验，说明各个模型符合方差齐性条件、误差项基本独立且残差大致服从正态分布。总体来说，包括教育特征在内的大部分特征变量在各个模型中有显著的影响，并且符号与预期一致，因此回归模型具有统计意义。

本书的研究重点是城市教育资源对住宅价格的影响机制，在此着重讨论教育特征变量的回归结果。表 4.2 显示，各年度大部分教育特征变量在 10% 的显著性水平下显著，说明城市教育资源能显著影响住宅价格，通过特征价格模型的回归结果主要得到如下几点发现。有关教育资源资本化效应的影响机理将在得到空间计量模型的回归结果后具体讨论，详见第四章第二节。

(1)各年间小学质量和初中质量均表现出显著的资本化效应

表 4.2 显示，2007—2017 年小学质量和初中质量基本在 1% 的显著性水平下显著为正。具体来看，小学质量的回归系数介于 0.025 和 0.061 之间，说明小学质量每提高一个等级，其学区内的住宅价格将上涨 2.5%～6.1%（500～1219 元/m²）；初中质量的回归系数介于 0.034 和 0.064 之间，说明初中质量每提高一个等级，其学区内的住宅价格将上涨 3.4%～6.4%（679～1279 元/m²）。因此，在各年度，住宅所属学区内的小学和初中质量一直都能较大程度地提升周边的住宅价格。

(2)初中质量比小学质量具有更强的资本化效应

通过对比小学质量和初中质量的回归结果后发现，在除了 2008 年和 2017 年的大部分年度中，初中质量的回归系数都略微高于小学质量的回归系数。比如在 2007 年、2010 年、2013 年和 2016 年，初中质量的回归系数分别为 0.035、0.053、0.055 和 0.056；小学质量的回归系数分别为 0.027、0.033、0.042 和 0.048。这几年中每提高一个等级的初中质量带来的住宅价格涨幅比提高一个等级的小学质量带来的涨幅分别高 0.8%、2.0%、1.3% 和 0.8%（约 160 元/m²、400 元/m²、260 元/m² 和 160 元/m²）。因此，初中质量相比于小学质量能更大程度地提升住宅价格。

(3)邻近大学在 2011 年后表现出显著的资本化效应

邻近大学这一变量在 2007—2010 年并不显著，而在 2011—2017 年均在 10% 的显著性水平下显著正向地影响住宅价格。表 4.2 显示，2011—2017 年，邻近大学的回归系数介于 0.027 和 0.049 之间，说明若住宅小区 1km 范围内有大学，其住宅价格将比不邻近大学的同类住宅高出 2.7%～4.9%，即大学能为周边的住宅带来 540～979 元/m² 的增值效应。这一结果说明近年来大学的邻近性开始显著地资本化入住宅价格当中。

（4）幼儿园数量不是影响住宅价格的重要因素，邻近高中不能显著影响住宅价格

从表 4.2 中发现，幼儿园数量仅零星地在 2010 年、2012 年和 2013 年显著，这几年的回归系数介于 0.003 和 0.004 之间，这表示在住宅周边 1km 范围内每新增一所幼儿园将会提高 0.3%～0.4% 的住宅价格（60～80 元/m²）；而邻近高中这一变量在各年度均不显著。

综上，各阶段城市教育资源对住宅价格的影响呈现出一定规律和区别。义务教育阶段的小学和初中在 2007—2017 年都能显著提高住宅价格，并且初中的资本化效应高于小学的资本化效应；大学在 2011 年以后表现出显著的资本化效应。总体而言，幼儿园并不是影响住宅价格的重要因素，高中的邻近性对住宅价格没有显著的影响。

第二节　基于空间计量模型的实证

一、空间计量模型的设定

事实上，人类的经济活动或者经济行为基于特定的地理位置发生，所以在空间上相互依赖、相互影响，比如住宅价格在空间上呈现出一定的自相关作用。而传统的特征价格模型采用普通最小二乘（OLS）进行模型估计，难以揭示经济变量的空间效应，忽视了住宅价格的空间自相关性，可能得到有偏的估计结果（Anselin，1988）。因此，本书进一步利用空间计量模型将空间效应的作用纳入研究体系，有助于合理地解释含有空间效应的经济现象，优化传统的特征价格模型〔式（4.1）〕。空间计量模型不仅可以控制住宅价格的空间属性，还能有效处理遗漏邻里变量对估计结果带来的影响，有利于得到更加可靠的估计结果。

根据将经济问题里的空间因素纳入模型的方式的不同，空间计量模型主要有两种典型的形式，即 SLM 和 SEM。这两种空间计量模型被广泛地应用于许多研究中（Anselin，2002），它们分别侧重于解释空间效应对经济现象的不同影响。SLM 侧重于解释相邻住宅价格之间的空间自相关作用，即住宅价格不仅取决于自身特征，还受周边的住宅价格影响［如式（4.2）所示］，而 SEM 则侧重于解释模型的误差项中包含的未被观测到的因素之间潜在的空间自相关作用［如式（4.3）和（4.4）所示］。

$$Y = \rho WY + X\beta + \varepsilon \tag{4.2}$$

$$Y = X\beta + \mu \tag{4.3}$$

$$\mu = \lambda W\mu + \varepsilon \tag{4.4}$$

其中，Y 和 X 分别为被解释变量和解释变量；W 为空间权重矩阵；ρ 和 λ 分别为待估计的空间自回归系数和残差空间自回归系数，分别表示相邻区域的观测值对本区域观测值的影响程度和误差项之间的空间依赖程度；μ 为残差项；ε 为满足独立正态分布的误差项。ρ 的符号用于表示住宅价格空间自相关的方向，若为正，则意味着相邻住宅价格呈正相关关系，反之则呈负相关关系。ρ 的大小显示了住宅样本之间空间自相关程度的大小。ρ 的绝对值越大，空间自相关效应越强。

　　空间权重矩阵 W 是空间计量经济学中的一个重要概念，也是表示样本的空间效应的有效工具。一般通过构造空间权重矩阵来表示变量之间的空间关系。它是一个 $n \times n$ 矩阵，对角线上的数值为零，非对角线上的元素表示对应的两个样本点之间的空间关系。空间权重矩阵通常有三种形式，即距离权重矩阵、二进制邻接矩阵和 k 邻近矩阵，这些空间权重矩阵能够有效表达样本单元之间的空间关系（Anselin，2004）。二进制邻接矩阵主要适用于呈连续面状分布的空间样本数据，在区域经济研究中较为常用。而本书的住宅小区样本呈分散的点状分布，难以直接判断样本之间是否存在公共点或者公共边，因此二进制邻接矩阵并不适用。k 邻近矩阵需要人为指定空间样本 i 附近最近的 k 个样本组成的集合，由于 k 的设定是外生的，所以需要对参数进一步优化并进行一系列的敏感性分析。距离权重矩阵在有效性和计算效率方面有较大优势，这也是许多实证研究中较为常见的权重矩阵设定方法（Hui et al.，2016）。因此，本书主要使用距离权重矩阵。地理学第一定律指出，相邻的住宅在空间上都可能存在相关性，而距离越近的住宅之间的相互影响会比距离较远的住宅更为显著。基于这一定律，距离权重矩阵利用空间距离的倒数或其整数次幂来表达空间单元之间随着距离递增而衰减的空间关系。参考已有实证研究（Hui et al.，2016；Wen et al.，2017c），本书的空间权重矩阵 W 的设定如下：

$$W_{ij} = \frac{1}{d_{ij}} \tag{4.5}$$

其中，d_{ij} 表示样本点 i 和样本点 j 之间的距离，当 $i = j$ 时，$W_{ij} = 0$。

本书利用这两种空间计量模型进行各年度的回归分析，通过控制住宅价格的空间自相关性和潜在的遗漏变量的影响，得到准确的教育资源资本化效应。进一步，比较空间计量模型结果与传统的特征价格模型结果，以期得到新的发现。本书采用的 SLM、SEM 如式（4.6）至式（4.8）所示：

$$\ln\boldsymbol{P}=\alpha_0+\rho\boldsymbol{W}\ln\boldsymbol{P}+\delta_l\boldsymbol{E}_l+\alpha_1\ln\boldsymbol{S}+\beta_i\ln\boldsymbol{L}_i+\gamma_j\ln\boldsymbol{N}_j+\theta_k\boldsymbol{N}_k+\boldsymbol{\varepsilon}$$

$$(l=1,2,\cdots,5;\ i=1,2,\cdots,5;\ j=1,2;\ k=1,2,\cdots,7) \tag{4.6}$$

$$\ln\boldsymbol{P}=\alpha_0+\delta_l\boldsymbol{E}_l+\alpha_1\ln\boldsymbol{S}+\beta_i\ln\boldsymbol{L}_i+\gamma_j\ln\boldsymbol{N}_j+\theta_k\boldsymbol{N}_k+\boldsymbol{\mu}$$

$$(l=1,2,\cdots,5;\ i=1,2,\cdots,5;\ j=1,2;\ k=1,2,\cdots,7) \tag{4.7}$$

$$\boldsymbol{\mu}=\lambda\boldsymbol{W}\boldsymbol{\mu}+\boldsymbol{\varepsilon} \tag{4.8}$$

其中，$\boldsymbol{W}$ 为距离空间权重矩阵，如式（4.5）所示；ρ 和 λ 为待估计的空间自回归系数和残差空间自回归系数；$\boldsymbol{\varepsilon}$ 为满足独立正态分布的误差项；其余变量与基本模型即式（4.1）一致。

二、回归结果与讨论

本书利用 OpenGeoda 软件进行空间计量模型的估计。LeSage(1999)指出，检验空间数据的莫兰指数往往是进行空间计量模型分析的首要步骤。本书首先计算了各年度数据的莫兰指数，对原始数据进行空间效应检验。莫兰指数常常被用于测度空间自相关性(Anselin，1988)，其表达式如第二章中的式(2.2)所示。

表 4.4 展示了 2007—2017 年各年度住宅数据的莫兰指数。结果显示，各年度莫兰指数均显著为正，数值介于 0.089 和 0.314 之间。这说明在 11 年间，研究区域内的住宅价格存在一定的空间正相关现象，有必要采用空间计量模型。笔者参考 Anselin(2004)，发现 2007—2017 年各个模型均通过了 LM 检验，LMLAG 和 LMERR 检验统计量均在 1% 的显著性水平下显著，R-LMLAG 和 R-LMERR 检验统计量也均显著，并具有相似的显著性水平。因此，本书利用 SLM 和 SEM 进行回归分析，以优化传统的特征价格模型。为了直观分析各阶段教育资源的资本化效应，特将教育特征变量的 SLM 和 SEM 的回归结果单独罗列，如表 4.5 所示，完整的回归结果详见表 4.6。

表 4.4　2007—2017 年样本的莫兰指数

参数	年份										
	2007	2008	2009	2010	2011	2012	2013	2014	2015	2016	2017
I	0.105	0.089	0.121	0.182	0.276	0.314	0.299	0.286	0.258	0.123	0.123
Sig.	0.006	0.020	0.046	0.011	0.004	0.003	0.004	0.003	0.006	0.000	0.003

表 4.5 2007—2017 年教育特征变量的 SLM 和 SEM 回归结果

参数	2007年 SLM Coe.	2007年 SEM Coe.	2008年 SLM Coe.	2008年 SEM Coe.	2009年 SLM Coe.	2009年 SEM Coe.	2010年 SLM Coe.	2010年 SEM Coe.	2011年 SLM Coe.	2011年 SEM Coe.	2012年 SLM Coe.	2012年 SEM Coe.
幼儿园数量	0.001	0.001	0.001	0.001	0.001	-0.001	0.003*	0.003*	0.000	-0.001	0.002*	0.002
小学质量	0.023**	0.026**	0.034***	0.036***	0.033***	0.031***	0.027***	0.034***	0.024***	0.025***	0.030***	0.032***
初中质量	0.030**	0.030**	0.031**	0.036***	0.038***	0.040***	0.046***	0.046***	0.034***	0.034***	0.043***	0.047***
邻近高中	-0.010	-0.017	-0.022	-0.018	-0.018	-0.029	0.008	0.010	0.003	-0.001	0.013	0.009
邻近大学	0.005	0.005	0.001	0.005	0.013	0.015	0.010	0.013	0.030**	0.022	0.029**	0.025*

参数	2013年 SLM Coe.	2013年 SEM Coe.	2014年 SLM Coe.	2014年 SEM Coe.	2015年 SLM Coe.	2015年 SEM Coe.	2016年 SLM Coe.	2016年 SEM Coe.	2017年 SLM Coe.	2017年 SEM Coe.
幼儿园数量	0.003*	0.002	0.003*	0.002	0.002	0.000	0.002	0.001	0.000	0.000
小学质量	0.041***	0.038**	0.044***	0.047***	0.049***	0.048***	0.045***	0.040***	0.060***	0.061***
初中质量	0.053***	0.052***	0.059***	0.063***	0.057***	0.056***	0.054***	0.059***	0.057***	0.058***
邻近高中	0.022	0.021	0.012	0.008	0.005	0.005	0.006	-0.011	-0.015	0.000
邻近大学	0.030**	0.029**	0.026**	0.038**	0.035**	0.034**	0.044**	0.016	0.037**	0.042**

***表示在1%的显著性水平下显著；**表示在5%的显著性水平下显著；*表示在10%的显著性水平下显著。

表 4.6　2007—2017 年 SLM 和 SEM 回归结果（完整）

参数	2007年(SLM)			2007年(SEM)			2008年(SLM)			2008年(SEM)		
	Coe.	Std.	Sig.	Coe.	Std.	Sig.	Coe.	Std.	Sig.	Coe.	Std.	Sig.
（常量）	5.564***	1.123	0.000	9.285***	0.100	0.000	6.040***	1.320	0.000	9.502***	0.307	0.000
幼儿园数量	0.001	0.002	0.787	0.001	0.002	0.639	0.001	0.002	0.571	0.001	0.002	0.508
小学质量	0.023**	0.011	0.034	0.026**	0.011	0.020	0.034***	0.012	0.004	0.036***	0.012	0.002
初中质量	0.030**	0.012	0.014	0.030**	0.012	0.012	0.031**	0.013	0.017	0.036***	0.013	0.006
邻近高中	-0.010	0.018	0.572	-0.017	0.018	0.355	-0.022	0.020	0.269	-0.018	0.020	0.376
邻近大学	0.005	0.019	0.776	0.005	0.020	0.794	0.001	0.021	0.958	0.005	0.021	0.828
ln 房龄	-0.048***	0.013	0.000	-0.048***	0.014	0.000	-0.092***	0.017	0.000	-0.090***	0.017	0.000
ln 武林广场距离	-0.042*	0.022	0.060	-0.042*	0.025	0.093	-0.052**	0.025	0.037	-0.066**	0.025	0.008
ln 西湖距离	-0.099***	0.025	0.000	-0.118***	0.026	0.000	-0.107***	0.028	0.000	-0.116***	0.028	0.000
ln 钱江新城距离	0.019	0.023	0.389	0.010	0.025	0.701	0.001	0.024	0.983	0.008	0.026	0.764
ln 地铁距离	-0.018	0.013	0.163	-0.018	0.013	0.168	-0.024	0.015	0.104	-0.023	0.015	0.118
ln 公交线路	0.020	0.015	0.167	0.021	0.015	0.143	0.023	0.016	0.149	0.025	0.016	0.129
小区环境	0.001	0.013	0.912	-0.001	0.013	0.909	0.005	0.015	0.725	0.003	0.015	0.834
生活配套	0.033***	0.011	0.004	0.036***	0.011	0.002	0.043***	0.012	0.000	0.045***	0.012	0.000
运动设施	0.018	0.013	0.189	0.015	0.014	0.254	0.014	0.015	0.325	0.013	0.015	0.383
物业管理	-0.042**	0.019	0.029	-0.044**	0.020	0.029	-0.047**	0.020	0.020	-0.059***	0.019	0.003
ln 垃圾转运站距离	-0.012	0.013	0.338	-0.018	0.013	0.165	-0.016	0.014	0.239	-0.021	0.014	0.133
ln 公园距离	0.024	0.018	0.186	0.028	0.018	0.119	0.010	0.020	0.622	0.012	0.020	0.550
邻近河流	0.067	0.048	0.168	0.053	0.049	0.274	0.045	0.051	0.378	0.038	0.051	0.454
邻近湖泊												
邻近山景	0.103***	0.034	0.003	0.114***	0.034	0.001	0.097***	0.038	0.010	0.115***	0.038	0.002
ρ	0.400***	0.120	0.001				0.377***	0.137	0.006			
λ				0.596***	0.224	0.008				0.770***	0.111	0.000
Pseudo-R²	0.544			0.533			0.568			0.558		
N	286			286			291			291		
LIK	173.329			169.961			146.821			143.977		
AIC	-304.659			-299.922			-251.641			-247.953		
SC	-227.883			-226.802			-174.501			-174.487		

***表示在1%的显著性水平下显著；**表示在5%的显著性水平下显著；*表示在10%的显著性水平下显著。

续表

参数	2009年(SLM) Coe.	Std.	Sig.	2009年(SEM) Coe.	Std.	Sig.	2010年(SLM) Coe.	Std.	Sig.	2010年(SEM) Coe.	Std.	Sig.
（常量）	4.938***	1.270	0.000	9.756***	0.126	0.000	3.483***	0.920	0.000	9.968***	0.115	0.000
幼儿园数量	0.001	0.002	0.784	-0.001	0.002	0.738	0.003*	0.002	0.065	0.003*	0.002	0.098
小学质量	0.033***	0.011	0.003	0.031***	0.011	0.006	0.027***	0.010	0.006	0.034*	0.010	0.001
初中质量	0.038***	0.012	0.002	0.040***	0.012	0.001	0.046***	0.011	0.000	0.046**	0.011	0.000
邻近高中	-0.018	0.019	0.327	-0.029	0.019	0.128	0.008	0.016	0.646	0.010	0.017	0.559
邻近大学	0.013	0.020	0.523	0.015	0.021	0.479	0.010	0.017	0.569	0.013	0.018	0.486
ln 房龄	-0.103***	0.018	0.000	-0.108***	0.018	0.000	-0.061***	0.018	0.001	-0.058***	0.019	0.002
ln 武林广场距离	-0.040*	0.023	0.089	-0.008	0.030	0.798	-0.041*	0.021	0.049	-0.045*	0.025	0.065
ln 西湖距离	-0.097***	0.026	0.000	-0.114***	0.029	0.000	-0.077***	0.023	0.001	-0.091***	0.025	0.000
ln 钱江新城距离	-0.001	0.023	0.970	-0.011	0.031	0.724	-0.029	0.019	0.129	-0.043*	0.026	0.093
ln 地铁距离												
ln 公交线路	-0.031**	0.013	0.021	-0.025*	0.014	0.067	-0.019	0.012	0.112	-0.022*	0.012	0.070
小区环境	0.031**	0.015	0.042	0.032**	0.015	0.034	0.014	0.014	0.294	0.018	0.014	0.204
生活配套	0.018	0.014	0.194	0.010	0.014	0.458	0.007	0.012	0.554	0.001	0.012	0.902
运动设施	0.026**	0.012	0.026	0.030**	0.012	0.010	0.038***	0.010	0.000	0.039***	0.010	0.000
物业管理	0.012	0.014	0.396	0.011	0.014	0.423	0.009	0.012	0.443	0.007	0.013	0.570
ln 垃圾转运站距离	-0.043**	0.019	0.020	-0.043**	0.021	0.036	0.001	0.014	0.940	0.001	0.016	0.926
ln 公园距离	-0.021	0.013	0.114	-0.022	0.014	0.112	-0.016	0.012	0.184	-0.020*	0.012	0.094
邻近河流	0.006	0.019	0.741	0.009	0.019	0.622	-0.001	0.017	0.948	0.001	0.017	0.942
邻近湖泊	0.050	0.048	0.290	0.054	0.047	0.252	0.058	0.043	0.179	0.045	0.044	0.311
邻近山景	0.080**	0.036	0.024	0.085**	0.036	0.020	0.113***	0.032	0.000	0.125***	0.032	0.000
ρ	0.499***	0.130	0.000				0.651***	0.091	0.000			
λ				0.808***	0.102	0.000				0.798***	0.117	0.000
Pseudo-R^2	0.576			0.570			0.581			0.549		
N	295			295			312			312		
LIK	165.402			161.636			205.329			193.846		
AIC	-288.804			-283.273			-368.658			-347.692		
SC	-211.377			-209.533			-290.055			-272.832		

***表示在1%的显著性水平下显著；**表示在5%的显著性水平下显著；*表示在10%的显著性水平下显著。

续表

参数	2011年(SLM)			2011年(SEM)			2012年(SLM)			2012年(SEM)		
	Coe.	Std.	Sig.	Coe.	Std.	Sig.	Coe.	Std.	Sig.	Coe.	Std.	Sig.
（常量）	3.489***	0.802	0.000	10.212***	0.122	0.000	4.187***	0.787	0.000	9.956***	0.123	0.000
幼儿园数量	0.000	0.001	0.897	-0.001	0.001	0.547	0.002*	0.001	0.070	0.002	0.001	0.128
小学质量	0.024**	0.008	0.002	0.025***	0.008	0.002	0.030***	0.008	0.000	0.032***	0.008	0.000
初中质量	0.034***	0.009	0.000	0.034***	0.009	0.000	0.043***	0.009	0.000	0.047***	0.009	0.000
邻近高中	0.003	0.014	0.853	-0.001	0.014	0.922	0.013	0.013	0.318	0.009	0.013	0.491
邻近大学	0.030*	0.014	0.031	0.022	0.014	0.108	0.029**	0.013	0.028	0.025*	0.013	0.053
ln 房龄	-0.052***	0.014	0.000	-0.058***	0.014	0.000	-0.025*	0.015	0.099	-0.034**	0.015	0.028
ln 武林广场距离	-0.029*	0.017	0.088	-0.011	0.019	0.546	-0.035**	0.017	0.036	-0.013	0.017	0.433
ln 西湖距离	-0.164***	0.019	0.000	-0.214***	0.021	0.000	-0.189***	0.018	0.000	-0.221***	0.018	0.000
ln 钱江新城距离	-0.066***	0.017	0.000	-0.142***	0.025	0.000	-0.057***	0.016	0.000	-0.100***	0.016	0.000
ln 地铁距离												
ln 公交线路	0.020	0.019	0.287	0.026	0.020	0.180	0.002	0.017	0.904	0.009	0.017	0.589
小区环境	0.026**	0.009	0.003	0.020**	0.009	0.023	0.026***	0.008	0.002	0.025***	0.008	0.003
生活配套	-0.001	0.008	0.899	-0.001	0.008	0.866	-0.001	0.007	0.888	0.008	0.007	0.238
运动设施	0.011**	0.004	0.015	0.015***	0.004	0.001	0.011***	0.004	0.007	0.014***	0.004	0.001
物业管理	0.030***	0.007	0.000	0.029***	0.007	0.000	0.038***	0.007	0.000	0.035***	0.007	0.000
ln 垃圾转运站距离	0.047***	0.012	0.000	0.045***	0.013	0.000	0.034***	0.012	0.005	0.029**	0.012	0.015
ln 公园距离	-0.028**	0.010	0.004	-0.031***	0.010	0.002	-0.030***	0.009	0.001	-0.034***	0.009	0.000
邻近河流	0.007	0.014	0.610	0.012	0.014	0.394	0.011	0.013	0.383	0.019	0.013	0.148
邻近湖泊	0.072*	0.040	0.071	0.072*	0.040	0.073	0.058	0.039	0.136	0.055	0.039	0.152
邻近山景	0.021	0.025	0.401	0.023	0.025	0.346	0.027	0.024	0.251	0.022	0.024	0.352
ρ	0.655***	0.080	0.000				0.578***	0.079	0.000			
λ				0.874***	0.059	0.000				0.730***	0.129	0.000
Pseudo-R	0.653			0.653			0.690			0.689		
N	490			490			508			508		
LIK	321.084			318.736			348.073			346.517		
AIC	-600.169			-597.471			-654.146			-653.035		
SC	-512.086			-513.583			-565.305			-568.425		

*** 表示在1%的显著性水平下显著；** 表示在5%的显著性水平下显著；* 表示在10%的显著性水平下显著。

续表

参数	2013年(SLM)			2013年(SEM)			2014年(SLM)			2014年(SEM)		
	Coe.	Std.	Sig.	Coe.	Std.	Sig.	Coe.	Std.	Sig.	Coe.	Std.	Sig.
(常量)	4.667***	0.908	0.000	9.938***	0.131	0.000	3.930***	0.666	0.000	10.012***	0.122	0.000
幼儿园数量	0.003*	0.001	0.056	0.002	0.001	0.101	0.003*	0.001	0.077	0.002	0.001	0.215
小学质量	0.041***	0.008	0.000	0.038***	0.008	0.000	0.044***	0.008	0.000	0.047***	0.008	0.000
初中质量	0.053***	0.009	0.000	0.052***	0.009	0.000	0.059***	0.009	0.000	0.063***	0.009	0.000
邻近高中	0.022	0.014	0.123	0.021	0.014	0.134	0.012	0.014	0.369	0.008	0.014	0.567
邻近大学	0.030**	0.014	0.030	0.029**	0.014	0.038	0.026**	0.014	0.061	0.038***	0.015	0.009
ln 房龄	-0.024	0.018	0.189	-0.039**	0.018	0.032	-0.031	0.019	0.104	-0.029	0.020	0.151
ln 武林广场距离	-0.015	0.018	0.397	-0.004	0.018	0.813	0.010	0.018	0.584	-0.009	0.021	0.655
ln 西湖距离	-0.162***	0.019	0.000	-0.169***	0.020	0.000	-0.143***	0.020	0.000	-0.184***	0.021	0.000
ln 钱江新城距离	-0.075***	0.022	0.001	-0.079***	0.028	0.004	-0.054**	0.022	0.013	-0.097***	0.028	0.000
ln 地铁距离	0.002	0.011	0.876	-0.036**	0.014	0.013	0.010	0.011	0.339	-0.002	0.014	0.887
ln 公交线路	0.005	0.018	0.787	0.008	0.019	0.688	-0.026	0.018	0.151	-0.024	0.020	0.221
小区环境	0.009	0.009	0.287	0.005	0.009	0.591	0.011	0.009	0.224	0.004	0.009	0.635
生活配套	0.007	0.009	0.463	0.016*	0.009	0.076	0.003	0.009	0.699	0.013	0.009	0.168
运动设施	0.010**	0.004	0.026	0.011**	0.005	0.016	0.009**	0.004	0.035	0.012**	0.005	0.013
物业管理	0.037***	0.007	0.000	0.033***	0.007	0.000	0.039***	0.007	0.000	0.041***	0.008	0.000
ln 垃圾转运站距离	0.047***	0.013	0.000	0.048***	0.013	0.000	0.023*	0.012	0.067	0.030**	0.013	0.029
ln 公园距离	-0.023**	0.010	0.017	-0.026**	0.010	0.007	-0.023***	0.009	0.016	-0.028***	0.010	0.006
邻近河流	0.003	0.014	0.855	0.005	0.014	0.712	-0.005	0.013	0.704	0.002	0.014	0.880
邻近湖泊	0.058	0.041	0.158	0.064	0.041	0.119	0.068*	0.040	0.089	0.074*	0.042	0.083
邻近山景	0.022	0.025	0.375	0.015	0.025	0.554	-0.007	0.024	0.761	0.000	0.026	0.990
ρ	0.525***	0.091	0.000				0.602***	0.066	0.000			
λ				0.886***	0.054	0.000				0.640***	0.137	0.000
Pseudo-R^2	0.629			0.632			0.682			0.647		
N	508			508			507			507		
LIK	321.177			320.059			329.067			303.814		
AIC	-598.354			-598.118			-614.133			-565.629		
SC	-505.283			-509.277			-521.106			-476.83		

***表示在1%的显著性水平下显著;**表示在5%的显著性水平下显著;*表示在10%的显著性水平下显著。

续表

参数	2015年(SLM)			2015年(SEM)			2016年(SLM)			2016年(SEM)		
	Coe.	Std.	Sig.	Coe.	Std.	Sig.	Coe.	Std.	Sig.	Coe.	Std.	Sig.
（常量）	4.792***	0.849	0.000	10.374***	0.136	0.000	6.768***	0.887	0.000	10.695***	0.175	0.000
幼儿园数量	0.002	0.001	0.281	0.000	0.001	0.987	0.002	0.002	0.269	0.001	0.002	0.614
小学质量	0.049***	0.008	0.000	0.048***	0.008	0.000	0.045***	0.009	0.000	0.040***	0.009	0.000
初中质量	0.057***	0.009	0.000	0.056***	0.009	0.000	0.054***	0.011	0.000	0.059***	0.010	0.000
邻近高中	0.005	0.014	0.702	0.005	0.014	0.733	0.006	0.016	0.694	-0.011	0.016	0.519
邻近大学	0.035**	0.014	0.010	0.034**	0.014	0.016	0.044***	0.017	0.008	0.016	0.017	0.326
ln 房龄	-0.072***	0.021	0.001	-0.082***	0.021	0.000	-0.148***	0.027	0.000	-0.154***	0.027	0.000
ln 武林广场距离	-0.029*	0.017	0.090	-0.014	0.019	0.458	0.013	0.022	0.548	0.021	0.021	0.313
ln 西湖距离	-0.172***	0.021	0.000	-0.235***	0.021	0.000	-0.211***	0.024	0.000	-0.280***	0.029	0.000
ln 钱江新城距离	-0.064***	0.017	0.000	-0.159***	0.024	0.000	-0.053***	0.020	0.007	-0.162***	0.040	0.000
ln 地铁距离	-0.015**	0.007	0.038	-0.026***	0.008	0.001	-0.027***	0.009	0.003	-0.039***	0.010	0.000
ln 公交线路	-0.037**	0.019	0.045	-0.031	0.019	0.104	-0.029	0.022	0.186	-0.025	0.023	0.264
小区环境	0.017*	0.009	0.051	0.006	0.009	0.526	0.027***	0.011	0.010	0.030***	0.011	0.004
生活配套	0.002	0.007	0.835	-0.005	0.008	0.586	0.005	0.009	0.598	0.002	0.010	0.844
运动设施	0.012***	0.004	0.009	0.017***	0.005	0.000	0.026***	0.005	0.000	0.028***	0.005	0.000
物业管理	0.035***	0.007	0.000	0.036***	0.007	0.000	0.020**	0.009	0.026	0.018**	0.009	0.035
ln 垃圾转运站距离	0.045***	0.013	0.000	0.053***	0.013	0.000	0.051***	0.015	0.001	0.020	0.017	0.240
ln 公园距离	-0.026**	0.010	0.007	-0.030***	0.010	0.003	-0.029**	0.011	0.012	-0.024**	0.012	0.042
邻近河流	-0.002	0.014	0.898	0.004	0.014	0.797	-0.008	0.016	0.645	-0.007	0.016	0.651
邻近湖泊	0.072*	0.041	0.075	0.066	0.041	0.111	0.024	0.048	0.617	0.010	0.046	0.831
邻近山景	0.015	0.025	0.562	0.024	0.025	0.341	-0.047	0.029	0.106	-0.061**	0.030	0.039
ρ	0.538***	0.085	0.000				0.363***	0.087	0.000			
λ				0.867***	0.063	0.000				0.865***	0.045	0.000
Pseudo-R^2	0.690			0.681			0.612			0.636		
N	505			505			450			450		
LIK	322.541			313.740			236.139			242.502		
AIC	-601.083			-585.480			-428.278			-443.004		
SC	-508.143			-496.764			-337.874			-356.710		

***表示在1%的显著性水平下显著;**表示在5%的显著性水平下显著;*表示在10%的显著性水平下显著。

续表

参数	2017年(SLM)			2017年(SEM)		
	Coe.	Std.	Sig.	Coe.	Std.	Sig.
（常量）	7.202***	1.194	0.000	10.632***	0.178	0.000
幼儿园数量	0.000	0.002	0.916	0.000	0.002	0.814
小学质量	0.060***	0.011	0.000	0.061***	0.012	0.000
初中质量	0.057***	0.013	0.000	0.058***	0.013	0.000
邻近高中	-0.015	0.020	0.440	0.000	0.020	0.985
邻近大学	0.037*	0.020	0.063	0.042**	0.020	0.039
ln 房龄	-0.137***	0.033	0.000	-0.130***	0.034	0.000
ln 武林广场距离	-0.010	0.026	0.696	-0.005	0.026	0.854
ln 西湖距离	-0.194***	0.030	0.000	-0.221***	0.029	0.000
ln 钱江新城距离	-0.071***	0.024	0.003	-0.082***	0.027	0.002
ln 地铁距离	-0.040***	0.013	0.002	-0.048***	0.013	0.000
ln 公交线路	-0.037	0.026	0.161	-0.038	0.027	0.155
小区环境	0.009	0.013	0.466	0.002	0.013	0.847
生活配套	0.012	0.011	0.239	0.010	0.011	0.352
运动设施	0.025***	0.007	0.000	0.029***	0.007	0.000
物业管理	0.037***	0.010	0.000	0.040***	0.011	0.000
ln 垃圾转运站距离	0.062***	0.018	0.000	0.073***	0.018	0.000
ln 公园距离	-0.029**	0.014	0.046	-0.029**	0.015	0.048
邻近河流	0.003	0.019	0.858	0.006	0.020	0.765
邻近湖泊	0.046	0.056	0.412	0.048	0.057	0.403
邻近山景	0.024	0.037	0.519	0.026	0.037	0.478
ρ	0.333***	0.116	0.004			
λ				0.557***	0.205	0.007
Pseudo-R^2	0.536			0.522		
N	474			474		
LIK	149.652			149.098		
AIC	-255.304			-256.196		
SC	-163.757			-168.811		

***表示在1%的显著性水平下显著；**表示在5%的显著性水平下显著；*表示在10%的显著性水平下显著。

基于表 4.6,由利用最大似然法得到的 SLM 和 SEM 的模型检验结果可知如下几点。①各年度 SLM 和 SEM 的决定系数(Pseudo-R^2)分别为 0.536~0.690 和 0.522~0.689,拟合优度显著高于相应的 OLS 模型,这说明空间计量模型通过控制空间效应提高了特征价格模型的解释能力,有效改进了传统的特征价格模型。②2007—2017 年的 SLM 和 SEM 的空间自回归系数(ρ 和 λ)均在 1% 的显著性水平下显著为正,进一步表明了住宅数据中空间自相关性的存在和采用空间计量模型的必要性。③各年度 SLM 和 SEM 的 LIK 值比对应的 OLS 估计的 LIK 值更大,而 AIC 和 SC 统计值比对应的 OLS 估计的值小(OLS 的 LIK、AIC 和 SC 估计值如表 4.7 所示),这进一步表明 SLM 和 SEM 拥有较好的拟合优度。

表 4.7　2007—2017 年 OLS 估计的 LIK、AIC 和 SC 统计值

参数	2007 年	2008 年	2009 年	2010 年	2011 年	2012 年
LIK	169.457	143.874	160.19	192.668	306.497	338.998
AIC	−298.913	−247.748	−280.381	−345.335	−572.993	−637.995
SC	−225.794	−174.282	−206.641	−270.475	−489.105	−553.385

参数	2013 年	2014 年	2015 年	2016 年	2017 年
LIK	314.571	301.471	304.251	228.818	145.832
AIC	−587.142	−560.943	−566.501	−415.636	−249.664
SC	−498.302	−472.144	−477.786	−329.341	−162.278

总的来说,空间计量模型改善了特征价格模型忽视数据空间属性的这一局限性,有效提高了传统特征价格模型的拟合优度和解释能力。通过对比 OLS、SLM 和 SEM 的回归结果发现,绝大部分特征变量的 OLS 回归系数略微大于相应的 SLM 和 SEM 回归系数,这说明传统的特征价格模型由于忽视了住宅价格的空间自相关性,可能会高估特征变量的资本化效应。SLM 和 SEM 的拟合优度都较理想,两个模型的估计结果差距不大,这体现了回归模型的稳健性。通过空间计量模型的回归结果,得到以下几点发现。

(1)各年间小学质量和初中质量均表现出显著的资本化效应

SLM 和 SEM 的结果(表 4.5)均显示,小学质量和初中质量这两个变量在 2007—2017 年都至少在 5% 的显著性水平下正向影响住宅价格,与特征价格模型的结论一致。小学质量的回归系数分别为 0.023~0.060(SLM)和 0.025~0.061(SEM),这说明小学质量每提高一个等级,其学区内的住宅价格将会上涨 2.3%~6.1%(460~1219 元/m^2);初中质量的回归系数分别为 0.030~0.059(SLM)和

0.030～0.063(SEM)，这说明初中质量每提高一个等级，其学区内的住宅价格将会上涨3.0%～6.3%(600～1259元/m²)。

这一结果说明小学和初中质量能够明显提升周边的住宅价格，具有显著且稳定的资本化效应。这是因为一方面，我国长期实行就近入学学区制度，要求适龄儿童严格按照其户籍所在地的指定学区就近入学，出于对孩子教育的重视，大部分家庭通过购买相应的学区房获得理想的义务教育资源；另一方面，小学和初中的教学质量决定了学生未来能否考取优质的高中和大学，因此大部分家庭对优质的义务教育存在一定的需求和支付意愿，这使得小学和初中的价值体现在了住宅价格当中。

(2)初中质量比小学质量具有更强的资本化效应

通过对比各年度小学和初中的空间计量模型回归结果，笔者发现，初中质量的回归系数在除了2008年和2017年的其余年度中均高于小学质量的回归系数，与特征价格模型的结论一致。例如，在2016年，解释能力略好的SEM结果显示，初中质量的回归系数为0.059，而小学质量的回归系数为0.040，这说明每提高一个等级初中质量带来的住宅价格涨幅要比提高一个等级的小学质量带来的涨幅高出1.9%(约380元/m²)。

这一结果说明初中质量比小学质量更大程度地提高了住宅价格，表现出更强的资本化效应。这是因为相比于小学教育，初中的教学质量更直接地决定了学生的中考成绩，与他们能否考上一所优质高中挂钩。因此，家长对于孩子的初中学区表现出更强的偏好与支付意愿，这使得初中质量表现出更强的资本化效应。

(3)邻近大学在2011年后表现出显著的资本化效应

邻近大学这一变量从2011年开始在10%的显著性水平下显著正向地影响住宅价格。2011—2017年，邻近大学的回归系数分别为0.026～0.044(SLM)和0.025～0.042(SEM)，这表明大学将为其周边1km内的住宅价格带来2.5%～4.4%的增值效应(500～879元/m²)。

这一结果与特征价格模型结果基本一致，说明近年来大学的邻近性具有显著的资本化效应。这是因为杭州市的大学校园全天免费向公众开放，能为周边居民提供宜人的绿化景观、齐全的生活配套和良好的治安环境等便利条件。并且，大学校园周边通常具备成熟的配套设施，拥有良好的商业氛围和治安环境。因此，随着社会的发展和人民生活水平的提高，城市居民近年来表现出的邻近大学居住的偏好和支付意愿更加强烈，这使得大学的价值在一定程度上资本化入周边的住宅价格当中。

(4)幼儿园数量不是影响住宅价格的重要因素，邻近高中不能显著影响住宅价格

幼儿园数量仅在个别年度（2010 年、2012 年、2013 年和 2014 年）有着较小的影响（系数介于 0.002 和 0.003 之间），在住宅周边 1km 范围内每新增一所幼儿园，将会提高 0.2%～0.3% 的住宅价格（40～60 元/m²）。此外，邻近高中在各年度的 SLM 和 SEM 结果中均不显著。

这是因为不同于小学和初中，家长可以根据个人情况选择孩子就读的幼儿园，而高中的招生则直接参照学生的中考成绩。并且，幼儿园或高中校园普遍不对公众开放。随着公共交通的发展和私家车出行的日益普及，居住地至学校的通勤时间和便利程度得到显著改善。因此，相比于就近入学制度下的小学和初中，人们对邻近幼儿园和高中居住的需求较低，幼儿园和高中的邻近性并不是居民进行购房决策的重要考虑因素。

综上，本书发现研究区域内的住宅价格表现出显著的空间自相关作用，而空间计量模型由于控制了数据的空间效应，优化了传统的特征价格模型。空间滞后模型和空间误差模型的实证结果大致接近，表明城市教育资源对住宅价格有着稳健且显著的影响。2007—2017 年，小学质量和初中质量均能显著提高住宅价格，并且初中质量表现出更大的资本化效应；邻近大学在 2011 年以后表现出显著的资本化效应；而幼儿园和高中并不是影响住宅价格的重要因素。

第三节　资本化效应的动态演变：基于两个模型的对比分析

表 4.8 整合了各教育特征变量的特征价格模型、空间滞后模型和空间误差模型的回归结果。对比发现，大部分变量的特征价格模型回归系数略大于空间滞后模型和空间误差模型得到的回归系数，这个发现与现有研究一致（Liao et al.，2012）。这是因为传统的特征价格模型忽视了研究区域内住宅价格之间客观存在的空间自相关性，可能高估其他解释变量的资本化效应。

图 4.1 至图 4.3 展示了 2007—2017 年 OLS、SLM 和 SEM 三个模型中各个教育特征变量的回归系数走势，从中得出以下两点发现。

表4.8 2007—2017年教育特征变量的OLS、SLM和SEM回归结果

参数	2007年	2008年	2009年	2010年	2011年	2012年	2013年	2014年	2015年	2016年	2017年
OLS:											
幼儿园数量	0.001	0.001	0.001	0.004**	0.001	0.003*	0.003*	0.002	0.002	0.001	0.000
小学质量	0.027**	0.037***	0.036***	0.033***	0.025***	0.031*	0.042***	0.051***	0.053***	0.048**	0.061***
初中质量	0.035***	0.034***	0.042***	0.053***	0.040***	0.045***	0.055***	0.064***	0.060***	0.056***	0.059***
邻近高中	−0.012	−0.020	−0.016	0.012	0.000	0.012	0.020	0.020	0.013	0.010	−0.006
邻近大学	0.010	0.002	0.014	0.014	0.031**	0.028**	0.027	0.041**	0.044***	0.049***	0.040*
SLM:											
幼儿园数量	0.001	0.001	0.001	0.003*	0.000	0.002*	0.003*	0.003*	0.002	0.002	0.000
小学质量	0.023**	0.034***	0.033***	0.027***	0.024***	0.030***	0.041***	0.044***	0.049***	0.045***	0.060***
初中质量	0.030**	0.031***	0.038***	0.046***	0.034***	0.043***	0.053***	0.059***	0.057***	0.054***	0.057***
邻近高中	−0.010	−0.022	−0.018	0.008	0.003	0.013	0.022	0.012	0.005	0.006	−0.015
邻近大学	0.005	0.001	0.013	0.010	0.030**	0.029**	0.030**	0.026*	0.035***	0.044***	0.037*
SEM:											
幼儿园数量	0.001	0.001	−0.001	0.003*	−0.001	0.002	0.002	0.002	0.000	0.001	0.000
小学质量	0.026**	0.036***	0.031***	0.034***	0.025***	0.032**	0.038***	0.047***	0.048***	0.040**	0.061***
初中质量	0.030**	0.036***	0.040***	0.046***	0.034***	0.047***	0.052***	0.063***	0.056***	0.059***	0.058***
邻近高中	−0.017	−0.018	−0.029	0.010	−0.001	0.009	0.021	0.008	0.005	−0.011	0.000
邻近大学	0.005	0.005	0.015	0.013	0.022	0.025*	0.029**	0.038***	0.034**	0.016	0.042**

***表示在1%的显著性水平下显著；**表示在5%的显著性水平下显著；*表示在10%的显著性水平下显著。

（1）小学质量和初中质量的资本化效应随时间推移显著增长

图 4.1 至图 4.3 显示，小学质量和初中质量的回归系数在 OLS、SLM 和 SEM 的回归结果中均展示出随着时间推移明显递增的趋势。由于 SLM 的拟合优度在大部分年度略高于 SEM，因此以 SLM 的回归结果（图 4.2）为例，发现小学质量的回归系数从 0.023（2007 年）大幅增长至 0.060（2017 年），涨幅高达 161%；初中质量的回归系数从 0.030（2007 年）大幅增长至 0.057（2017 年），涨幅接近 90%。并且大部分年度中，初中的资本化效应略大于小学的资本化效应。

这一结果说明小学质量和初中质量对住宅价格的增值效应日益增强，人们愿意为获得优质的义务教育资源支付越来越多的附加费用。这是因为一方面，随着整体经济的快速发展和人民生活水平的显著提高，城市居民对孩子的教育日渐重视，对优质教育资源的需求日益提升，在购房决策时对住宅所属的小学和初中教育资源的偏好与支付意愿随时间推移显著增长；另一方面，随着高速的城市化进程，快速增加的常住人口带来了对教育资源需求的大量增长。但是相比而言，教育资源的供给较为稳定，因此义务教育资源的资本化效应被进一步加强。

这一结果揭示了一个潜在的问题，即在现行的学区制度下，人们可以通过购买学区房的方式获得优质的义务教育资源，而随着居民对教育资源的重视程度和需求的逐渐增长，优质小学和初中学区的竞争将日益加剧。若无法加快城市教育资源的供给增速，那么随着时间的推移，教育资源的供给必将愈发难以满足城市居民显著提升的教育需求，进而可能会影响教育资源的有效分配。

（2）邻近大学的资本化效应随时间推移缓步增长

图 4.1 至图 4.3 显示，邻近大学的回归系数在 OLS、SLM 和 SEM 的回归结果中大致展现出随着时间推移缓步增加的态势。同样，以 SLM 的回归结果（图 4.2）为例，邻近大学从 2011 年开始显著，其回归系数从 0.030（2011 年）逐渐增长至 0.037（2017 年），涨幅约 23%。

这一结果说明大学的邻近性从 2011 年起逐渐开始显著提升周边的住宅价格，并且邻近大学的资本化效应随着时间的推移缓步增长。这是因为随着收入水平的提高，人们逐渐开始重视居住质量和生活品质。因此在进行购房决策时，对邻近大学所附带的优美绿化环境和便利生活配套的偏好日益提高，更加愿意为享受这种生活舒适性和便利性支付越来越多的额外费用。

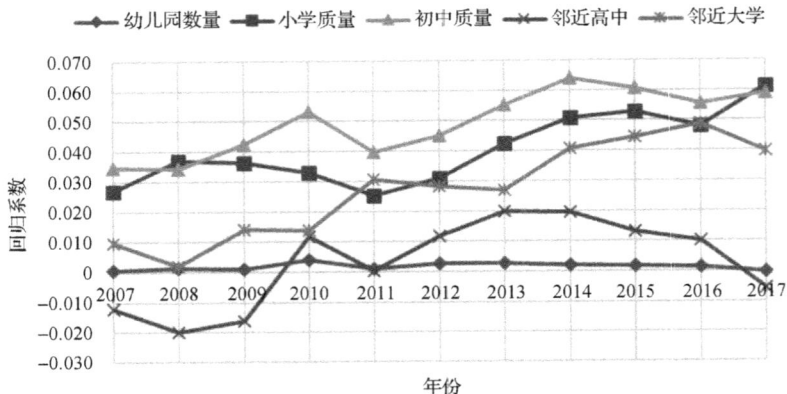

图 4.1 2007—2017 年教育特征变量的 OLS 回归系数走势

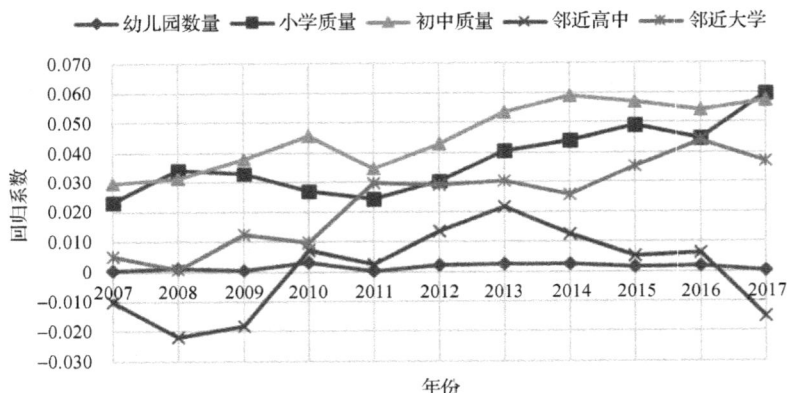

图 4.2 2007—2017 年教育特征变量的 SLM 回归系数走势

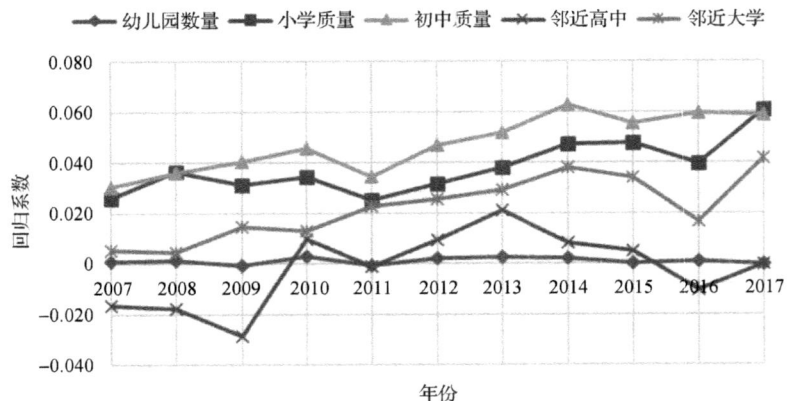

图 4.3 2007—2017 年教育特征变量的 SEM 回归系数走势

第四节　本章小结

本章从全局视角构建了特征价格模型和空间计量模型（SLM 和 SEM），探索了 2007—2017 年杭州市教育资源的平均资本化效应及其动态演变。

模型设定方面，本书利用各年度的小区均价作为因变量，最终采用 20 个特征变量作为自变量。通过尝试和比较，在参考大量已有文献的基础上，选取对数形式的特征价格模型进行回归分析，发现利用质量衡量小学和初中比用距离衡量更为合理。在确定合理的函数形式和教育特征变量体系后，构建各年度的特征价格模型来探索城市教育资源的全局资本化效应，进一步采用 SLM 和 SEM 控制样本之间的空间自相关性及潜在的邻里效应的影响，优化传统的特征价格模型。

回归结果显示，特征价格模型、空间滞后模型和空间误差模型能够通过一系列的模型检验，具有一定的解释能力。莫兰指数结果显示，研究区域内的住宅价格之间存在显著正向的空间自相关作用，这说明有必要采用空间计量模型来控制空间效应。SLM 和 SEM 显著改善了传统的特征价格模型的拟合优度，而特征价格模型由于忽视了住宅价格的空间自相关性，高估了特征变量的资本化效应。

三个模型得到的结论大体一致，说明城市教育资源对住宅价格存在稳定而显著的影响，并且各阶段教育资源呈现出不同的规律。本章主要得出结论如下。

①2007—2017 年，小学质量和初中质量都能显著大幅提升住宅价格，并且初中的资本化效应高于小学的资本化效应，而小学距离和初中距离未对住宅价格产生显著的影响。这一结果体现了由于就近入学的教育制度，居民对其所属学区内的教育资源质量表现出显著的需求与支付意愿，且对初中质量的支付意愿比小学质量更强，而小学和初中的可达性并非居民购房时关注的重要因素。

②邻近大学在 2011 年以后开始显著正向地影响住宅价格，这说明近年来人们逐渐表现出邻近大学居住的偏好和支付意愿。

③幼儿园数量零星地在个别年度小幅提升住宅价格，而各年度中高中的邻近性并不能影响住宅价格，这说明居民在购房时并未将其作为重点考虑因素。

④从时间维度来看，小学质量、初中质量和邻近大学的资本化效应随着时间推移逐渐增长，并且小学和初中资本化效应的增长幅度尤为明显。这说明近年来城市居民在进行购房决策时愿意为优质的小学和初中学区以及邻近大学居住带来的便利性和舒适性支付越来越多的附加费用。

　　本章的实证结果反映了杭州市的幼儿园邻近性、小学质量、初中质量和大学邻近性不同程度地资本化入住宅价格中。在现行学区制度下,人们可以通过"以房择校"的方式竞争小学和初中资源,随着居民对优质教育的重视程度和需求逐渐增加,这种竞争将日益加剧。若无法加快城市教育资源的供给增速,将可能难以满足居民的教育需求,并可能对教育资源尤其是义务教育阶段的小学和初中的有效分配产生一定影响。

第五章 教育资源资本化效应的空间异质性：基于空间—时间维度的动态演变

第四章从全局角度讨论了城市教育资源对住宅价格影响的平均效应及其动态演变。本章将从局部视角出发，构建地理加权模型，研究城市教育资源的资本化效应在不同地理位置上是否存在空间异质性，并进一步从时间维度探索教育资源资本化效应空间分布的动态演变。

第一节 地理加权模型的设定

传统的特征价格模型和空间计量模型常被用于估计特征变量的全局平均资本化效应，如式(5.1)所示：

$$Y_i = \boldsymbol{\beta}_0 + \sum_{j=1}^{n} \beta_j \boldsymbol{X}_{ij} + \boldsymbol{\varepsilon}_i \qquad (5.1)$$

现实世界中，由于供给侧和需求侧因素在不同地理位置上的差异，城市教育资源等公共品的资本化效应在空间上可能存在异质性。而传统的特征价格模型难以从局部识别不同空间位置上的特征变量的回归系数。为了反映回归系数在不同空间位置上的异质性，揭示解释变量间复杂的空间关系，Brunsdon 等(1996)提出了地理加权模型。地理加权模型考虑了样本的空间结构，将回归参数视为样本空间位置的函数，能够分别得到各个样本点上的估计参数，拓展了普通的最小二乘估计，如式(5.2)所示：

$$Y_i = \boldsymbol{\beta}_0(u_i, v_i) + \sum_{j=1}^{n} \beta_j(u_i, v_i) \boldsymbol{X}_{ij} + \boldsymbol{\varepsilon}_i \qquad (5.2)$$

其中，(u_i, v_i) 为第 i 个样本的坐标，$\beta_j(u_i, v_i)$ 为关于 i 的连续函数 $\beta_j(u, v)$ 在 i 点的值，用于研究样本的空间非平稳性。

由于地理加权模型的回归系数具有空间非平稳性，OLS 不再适用于估计其参数。根据地理学第一定律，相距越近的观察点之间的联系越强烈，Brunsdon 等 (1996) 运用了局部加权最小二乘估计 $\beta_j(u_0, v_0)$，如式 (5.3) 所示：

$$\min \sum_{i=1}^{m} \left[y_i - \sum_{j=1}^{n} \beta_j(u_0, v_0) x_{ij} \right]^2 w_i(u_0, v_0) \tag{5.3}$$

其中，$\{w_i(u_0, v_0)\}_{i=1}^{m}$ 是位置 (u_0, v_0) 处的空间权重。

令 $\boldsymbol{\beta}(u_0, v_0) = \left(\beta_0(u_0, v_0), \beta_1(u_0, v_0), \cdots, \beta_n(u_0, v_0) \right)^{\mathrm{T}}$，那么 $\boldsymbol{\beta}(u_0, v_0)$ 在 (u_0, v_0) 处的估计值为

$$\hat{\boldsymbol{\beta}}(u_0, v_0) = \left(\boldsymbol{X}^{\mathrm{T}} \boldsymbol{W}(u_0, v_0) X \right)^{-1} \boldsymbol{X}^{\mathrm{T}} \boldsymbol{W}(u_0, v_0) \boldsymbol{Y} \tag{5.4}$$

其中，$\boldsymbol{X} = (\boldsymbol{X}_0, \boldsymbol{X}_1, \cdots, \boldsymbol{X}_n)$；$\boldsymbol{X}_j = (x_{1j}, x_{2j}, \cdots, x_{mj})^{\mathrm{T}}$；$\boldsymbol{Y} = (Y_1, Y_2, \cdots, Y_m)^{\mathrm{T}}$；$\boldsymbol{W}(u_0, v_0) = \mathrm{Diag}\left(w_1(u_0, v_0), w_2(u_0, v_0), \cdots, w_m(u_0, v_0) \right)$。

为了估计局部回归参数，需要设定地理加权模型的空间权重矩阵。常见的方法有高斯函数法、距离阈值法和双重平方 (bi-square) 函数法。高斯函数法是较为常用和有效的方法，本书采用高斯函数法构建空间权重矩阵，将 W_{ij} 视作关于 d_{ij} 的连续单调函数：

$$W_{ij} = K_h(d_{ij}) = \exp\left[-\frac{1}{2} \left(\frac{d_{ij}}{h} \right)^2 \right] \tag{5.5}$$

其中，d_{ij} 表示点 (u_i, v_i) 和 (u_j, v_j) 之间的距离；h 为带宽，表示空间权重与样本间距离的关系的衰减速度，带宽越大，随着距离的增大，权重衰减得越慢。

带宽的选择并不唯一，带宽的不同会影响权重矩阵的取值。确定带宽的准则一般有修正赤池信息量准则 (corrected Akaike information criterion，AICc)、交叉确认方法 (cross-validation criterion，CV)、广义交叉确认方法 (generalized cross-validation criterion，GCV) 和贝叶斯信息准则 (Bayesian information criterion，BIC)。AICc 是常用的优选带宽的方法，本书采用这一方法确定带宽。

本书利用地理加权模型，通过估计教育特征变量在每个样本位置的回归系数，揭示城市教育资源资本化效应的空间异质性。具体而言，首先运用地理加权模型对 2007—2017 年的样本按年度分别进行回归分析，检验城市教育资源的资本化效应在空间上是否均匀分布。若教育资源的资本化效应存在显著的空间异质性，则进一步利用地理信息系统将各年度各个样本点教育特征变量的显著性程度和回归系数在地图上进行可视化展示，准确地分析其空间分布规律和空间异质性的动态演变。

地理加权模型将各个特征变量的回归系数视为有关样本坐标的函数,从而分别得到各个样本点的回归系数。顺应第四章中采用的特征价格分析框架,将地理加权模型设定为

$$\ln P_i = \varphi_0(u_i, v_i) + \sum_{j=1}^{p} \varphi_j(u_i, v_i) \ln Z_{ij} + \sum_{k=1}^{q} \varphi_k(u_i, v_i) Z_{ik} + \varepsilon_i \tag{5.6}$$

其中,P_i 表示在位置 i 的住宅小区成交均价;$\varphi_0(u_i, v_i)$ 表示处于位置 i 的住宅小区样本的截距;Z_{ij} 表示第 j 个连续的特征变量在位置 i 的值;Z_{ik} 表示第 k 个其他特征变量在位置 i 的值;$\varphi_j(u_i, v_i)$ 和 $\varphi_k(u_i, v_i)$ 表示第 j 个和第 k 个特征变量在位置 i 的待估计参数,(u_i, v_i) 表示位于位置 i 的样本的 x,y 坐标;ε_i 表示位置 i 的误差项。

与构建特征价格模型一致,采用对数函数形式构建地理加权模型。将因变量和取值为正的连续自变量(如房龄、公交线路和所有距离变量等)取对数并纳入模型,其余等级变量和虚拟变量等以线性形式直接纳入模型。

本书采用高斯函数法确定空间权重矩阵,并运用 AICc 和黄金分割搜索方法(golden section search)寻找最优带宽,以确保模型具有理想的拟合优度。

第二节 空间异质性初步分析:基于 GWR 的回归结果

本书通过 GWR4 统计软件估计得到各年度的地理加权模型回归结果。表5.1展示了 2007—2017 年 GWR 回归模型的拟合优度。表5.1 显示,2007—2017 年的地理加权模型的拟合优度分别为 0.580、0.616、0.526、0.577、0.720、0.766、0.725、0.745、0.766、0.705、0.608;而各年度特征价格模型的拟合优度分别为 0.496、0.527、0.528、0.510、0.615、0.665、0.603、0.626、0.651、0.579、0.506。基本上,地理加权模型显著提高了特征价格模型的拟合优度,这说明地理加权模型通过分别估计每一个样本点的不同拟合情况,能够更加有效地解释住宅价格的构成。此外,各个教育特征变量的地理加权回归系数基本围绕在对应的特征价格回归系数附近,未观察到明显的极端值,这表明了地理加权模型结果的稳健性。

表 5.1 2007—2017 年 GWR 回归模型的拟合优度

参数	年份										
	2007	2008	2009	2010	2011	2012	2013	2014	2015	2016	2017
Adj-R^2	0.580	0.616	0.526	0.577	0.720	0.766	0.725	0.745	0.766	0.705	0.608
N	286	291	295	312	490	508	508	507	505	450	474

表5.2 至表5.6 罗列了 2007—2017 年各个教育特征变量的回归系数的最小值、下四分位数、中位数、上四分位数和最大值;图5.1 至图5.5 进一步利用箱型图

直观展示了其系数分布情况。从中可以发现,各年度幼儿园数量、小学质量、初中质量、邻近高中以及邻近大学在不同空间区域的回归系数存在一定的差异。笔者基于 GWR 回归结果,初步分析各阶段教育特征变量的资本化效应是否具有异质性。

表 5.2 2007—2017 年幼儿园数量的 GWR 回归系数

回归系数	年份										
	2007	2008	2009	2010	2011	2012	2013	2014	2015	2016	2017
最小值	−0.006	−0.003	−0.004	0.000	−0.005	−0.006	−0.006	−0.005	−0.007	−0.005	−0.006
下四分位	−0.003	0.001	−0.001	0.003	0.000	0.001	0.002	0.001	0.001	0.001	0.001
中位数	0.001	0.003	0.002	0.004	0.001	0.003	0.003	0.003	0.004	0.003	0.005
上四分位	0.003	0.005	0.003	0.005	0.002	0.004	0.005	0.004	0.005	0.004	0.009
最大值	0.004	0.006	0.005	0.007	0.004	0.007	0.008	0.007	0.007	0.008	0.018

表 5.3 2007—2017 年小学质量的 GWR 回归系数

回归系数	年份										
	2007	2008	2009	2010	2011	2012	2013	2014	2015	2016	2017
最小值	−0.006	0.005	0.000	0.019	−0.007	0.003	0.009	0.017	0.018	0.007	0.013
下四分位	0.003	0.013	0.013	0.025	0.016	0.019	0.045	0.053	0.037	0.038	0.055
中位数	0.012	0.024	0.025	0.032	0.023	0.033	0.051	0.059	0.047	0.048	0.067
上四分位	0.032	0.032	0.036	0.035	0.032	0.038	0.059	0.070	0.059	0.055	0.082
最大值	0.052	0.089	0.058	0.051	0.055	0.057	0.082	0.097	0.101	0.093	0.126

表 5.4 2007—2017 年初中质量的 GWR 回归系数

回归系数	年份										
	2007	2008	2009	2010	2011	2012	2013	2014	2015	2016	2017
最小值	−0.011	−0.013	0.003	0.016	−0.011	−0.013	−0.025	−0.017	−0.003	−0.007	−0.044
下四分位	0.016	0.013	0.025	0.031	0.019	0.020	0.012	0.024	0.025	0.030	0.009
中位数	0.021	0.023	0.030	0.051	0.053	0.059	0.071	0.075	0.070	0.063	0.068
上四分位	0.029	0.030	0.044	0.068	0.067	0.082	0.101	0.112	0.110	0.113	0.143
最大值	0.038	0.042	0.056	0.075	0.082	0.113	0.147	0.144	0.161	0.175	0.246

表 5.5 2007—2017 年邻近高中的 GWR 回归系数

回归系数	年份										
	2007	2008	2009	2010	2011	2012	2013	2014	2015	2016	2017
最小值	−0.056	−0.079	−0.078	−0.035	−0.077	−0.059	−0.080	−0.085	−0.074	−0.084	−0.142
下四分位	−0.022	−0.030	−0.030	−0.011	−0.040	−0.025	−0.027	−0.044	−0.055	−0.051	−0.058
中位数	−0.007	−0.017	−0.020	0.002	−0.021	−0.005	−0.001	−0.007	−0.027	−0.028	−0.034
上四分位	0.007	−0.004	0.003	0.016	0.020	0.035	0.038	0.040	0.026	0.063	0.023
最大值	0.021	0.019	0.027	0.039	0.096	0.099	0.107	0.158	0.107	0.153	0.220

表 5.6 2007—2017 年邻近大学的 GWR 回归系数

回归系数	年份										
	2007	2008	2009	2010	2011	2012	2013	2014	2015	2016	2017
最小值	0.005	−0.006	0.017	−0.047	−0.077	−0.032	−0.071	−0.046	−0.070	−0.028	−0.080
下四分位	0.021	0.006	0.028	0.016	−0.006	−0.009	−0.014	−0.002	−0.015	−0.004	−0.053
中位数	0.029	0.030	0.033	0.037	0.033	0.016	0.001	0.011	0.011	0.013	0.002
上四分位	0.040	0.049	0.042	0.056	0.048	0.033	0.042	0.043	0.033	0.050	0.056
最大值	0.096	0.094	0.086	0.070	0.127	0.126	0.137	0.114	0.177	0.166	0.179

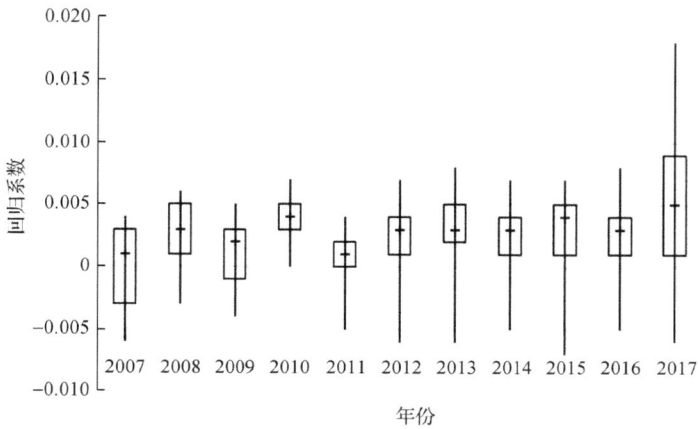

图 5.1 2007—2017 年幼儿园数量的 GWR 回归系数(箱型图)

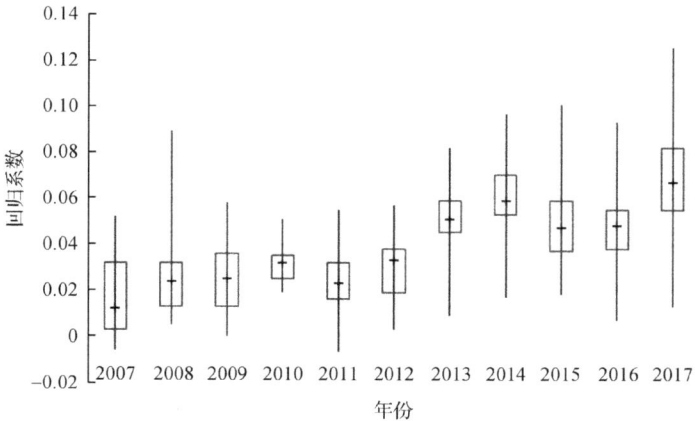

图 5.2 2007—2017 年小学质量的 GWR 回归系数(箱型图)

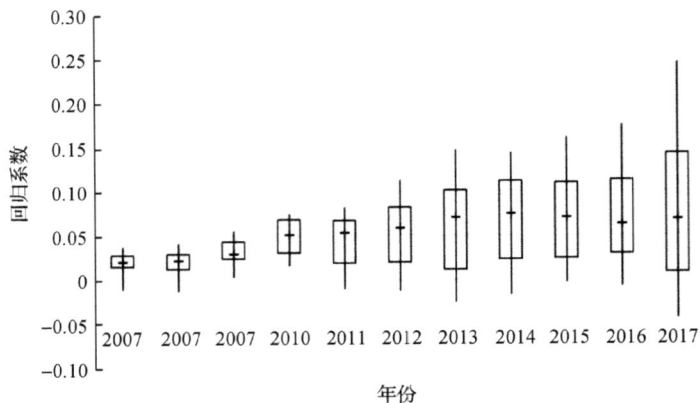

图 5.3　2007—2017 年初中质量的 GWR 回归系数（箱型图）

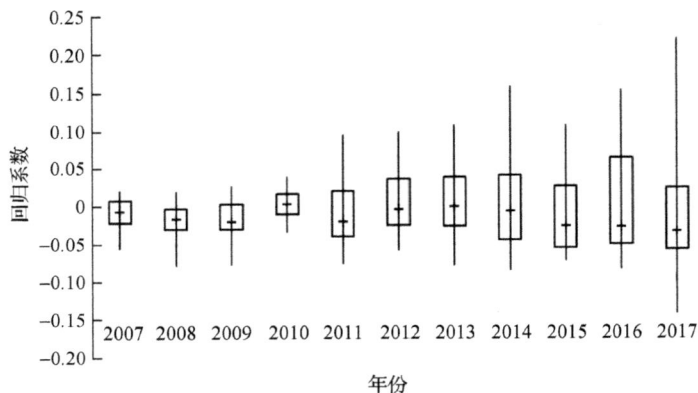

图 5.4　2007—2017 年邻近高中的 GWR 回归系数（箱型图）

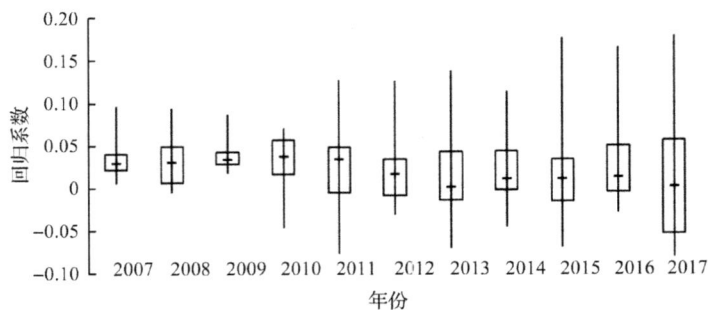

图 5.5　2007—2017 年邻近大学的 GWR 回归系数（箱型图）

由于表格形式的结果无法将回归系数的数值大小与其显著性情况一一对应，因此，此部分主要作为检验教育资源资本化效应空间异质性的初步依据，后文将利用GIS把GWR的回归结果在地图上直观展示出来，进一步分析各阶段教育资源资本化效应在空间上的分布情况及演变规律。由GWR的回归结果分析可知如下几点。

（1）幼儿园的资本化效应在不同空间区域存在一定异质性

表5.2和图5.1显示，2007—2017年，各样本点幼儿园数量的GWR回归系数的最小值介于−0.007和0.000之间，下四分位数介于−0.003和0.003之间，中位数介于0.001和0.005之间，上四分位数介于0.002和0.009之间，最大值介于0.004和0.018之间。由此可见，处在不同地理位置的各个样本点的幼儿园资本化效应存在一定差异，但由于整体的回归系数较小，这一差异并不明显。笔者校对了部分系数为负的样本点后发现，这些样本点的幼儿园数量回归系数基本不显著，这说明一些年度中在城市部分区域不存在幼儿园的资本化效应。

（2）小学质量的资本化效应在不同空间区域存在显著的异质性

表5.3和图5.2显示，2007—2017年，各样本点小学质量的GWR回归系数的最小值介于−0.007和0.019之间，下四分位数介于0.003和0.055之间，中位数介于0.012和0.067之间，上四分位数介于0.032和0.082之间，最大值介于0.051和0.126之间。由此可见，处在不同位置的各个样本点之间的小学质量的资本化效应有明显的差异，即存在显著的空间异质性。同样，笔者校对了少量系数为负的样本点后发现，这些样本点的回归系数并不显著。

（3）初中质量的资本化效应在不同空间区域存在显著的异质性

表5.4和图5.3显示，2007—2017年，各样本点初中质量的GWR回归系数的最小值介于−0.044和0.016之间，下四分位数介于0.009和0.031之间，中位数介于0.021和0.075之间，上四分位数介于0.029和0.143之间，最大值介于0.038和0.246之间。由此可见，初中质量的资本化效应在不同空间位置上存在明显的差异，即存在显著的空间异质性，并且其空间差异程度比小学资本化效应更强。笔者在校对后发现，少量系数为负的样本点的回归结果并不显著。

（4）邻近高中仅在小部分城市区域显著正向地影响住宅价格

表5.5和图5.4显示，2007—2017年，各样本点邻近高中的GWR回归系数的最小值介于−0.142和−0.035之间，下四分位数介于−0.058和−0.011之间，中位数介于−0.034和0.002之间，上四分位数介于−0.004和0.063之间，最大值介于0.019和0.220之间。笔者在校对各个样本点变量的显著性情况后发现，大

部分样本点的邻近高中回归系数为负且不显著,各年度中仅有小部分样本点存在显著为正的高中资本化效应,这说明高中的资本化效应仅存在于小部分地区。

(5)邻近大学的资本化效应在不同空间区域存在一定异质性

表 5.6 和图 5.5 显示,2007—2017 年,各样本点邻近大学的 GWR 回归系数的最小值介于 -0.080 和 0.017 之间,下四分位数介于 -0.053 和 0.028 之间,中位数介于 0.001 和 0.037 之间,上四分位数介于 0.033 和 0.056 之间,最大值介于 0.070 和 0.179 之间。由此可见,邻近大学的资本化效应在不同位置的样本点上存在一定差异,即存在空间异质性。笔者在校对后发现,部分回归系数为负的样本点的回归结果基本不显著。

综上,通过地理加权模型的回归结果初步发现,幼儿园数量、小学质量、初中质量、邻近高中和邻近大学的资本化效应都存在一定的空间异质性,其中小学质量、初中质量和邻近大学的资本化效应的空间差异较为明显。因此,本书进一步利用 GIS 将地理加权模型的回归结果在地图上进行可视化展示,结合各个样本点的显著性情况,深入分析教育资源资本化效应在不同地理位置的空间异质性分布规律和动态演变。

第三节　空间分布及动态演变:结合 GIS 的可视化结果

在利用 GWR4 统计软件得到各年度各样本点的 p 值和回归系数估计值后,本书利用地理信息系统技术,采用 ArcGIS 软件,将教育特征变量的地理加权模型结果在地图上进行了可视化展示。为了更清楚地观察教育资源资本化效应的空间异质性,进一步利用克里金(Kriging)插值法表示并分析各教育特征变量的回归系数在整个研究区域的分布情况。p 值根据显著性水平分为四类,即 $0.00 \sim 0.01$、$0.01 \sim 0.05$、$0.05 \sim 0.10$ 和 $0.10 \sim 1.00$,分别表示各个教育特征变量在 1%、5% 和 10% 显著性水平下显著以及不显著的情况。在各系数分布图中,用样本点的颜色由浅及深表示特征变量回归系数值由小到大。为了深入研究各教育资源资本化效应的空间分布及其动态演变,下面分别对幼儿园、小学、初中、高中和大学的地理加权模型结果进行详细分析。

一、幼儿园

(1)幼儿园资本化效应的空间分布规律

幼儿园数量显著性结果显示,2007—2010 年,幼儿园数量这一变量分别零星地在个别城市区域显著影响住宅价格。而在 2012 年及以后,主要在城市中心偏西北部区域存在显著的资本化效应。如图 5.6 所示的幼儿园数量系数分布显示,2012 年及以后,幼儿园大致在城市中心偏西北部表现出相对较高的资本化效应。总的来说,2007—2017 年幼儿园的资本化效应在空间上存在一定差异,仅在小部分城市区域内显著存在。

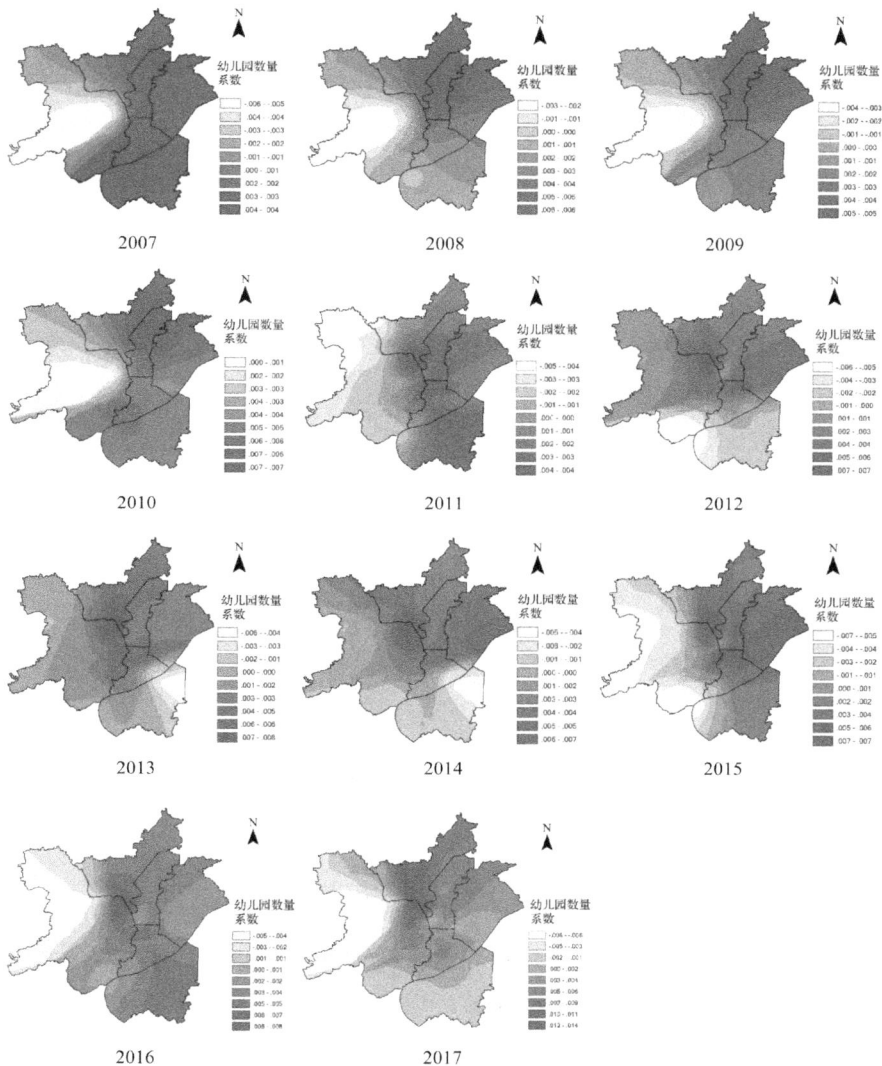

图 5.6　2007—2017 年 GWR 回归幼儿园数量系数分布克里金插值结果

这一结果显示，大部分城市区域的购房者未将幼儿园的邻近性作为主要的决策依据，仅有小部分城市区域的购房者表现出对幼儿园邻近性具有一定的偏好。

（2）幼儿园资本化效应空间分布的动态演变

幼儿园的资本化效应的空间分布在时间维度上展现出一定规律。其空间分布模式逐渐从早年间分散地在部分城市区域显著转变为 2012 年及以后集中地在城市中心偏西北部显著。这一演变趋势说明，早年间，城市居民对幼儿园邻近性的重视程度和支付意愿在城市不同区域较为分散，并未在不同空间上形成明显的规律。而近年来，与其他城市区域的购房者不同，城市中心偏西北部区域的购房者普遍表现出对幼儿园邻近性的偏好。

综上，地理加权模型深化了传统的特征价格模型和空间计量模型的发现，能够挖掘出更深层次的规律。特征价格模型和空间计量模型的结果显示，在 2007—2017 年间的大部分年度，幼儿园数量对住宅价格并不存在显著的影响。但是，通过地理加权模型的回归结果和结合 GIS 得到的可视化结果发现，大部分年度在城市小部分区域存在着显著的幼儿园资本化效应，且这种空间异质性分布随着时间的推移展现出一定的演变规律。

二、小学

（1）小学资本化效应的空间分布规律

小学质量显著性分布结果显示，2007—2009 年，小学质量在城市西部及南部部分区域存在显著的资本化效应；自 2010 年开始，显著性范围逐渐扩大，在城市大部分地区都存在显著的小学资本化效应；2017 年，几乎在所有的样本点上都观察到了显著的小学资本化效应。此外，全市区域内小学质量对住宅价格影响的显著性水平有较大提高，2013 年及以后，小学质量对城市大部分区域的住宅价格的影响基本在 1% 的显著性水平下显著。这一结果表明，近年来各个城市区域的购房者都十分重视住宅所属学区内的小学质量，愿意为获得优质的小学教育资源支付一定的附加费用。

如图 5.7 所示的小学质量系数分布显示，2010 年及以前，小学质量对城市西部和南部区域的住宅价格有着最为显著的正向作用，而从 2011 年开始，城市中心的小学资本化效应显著增加并逐渐超过其他地区，占据主导地位；此外，城市北部区域的小学质量资本化效应在大部分年度中较为薄弱。

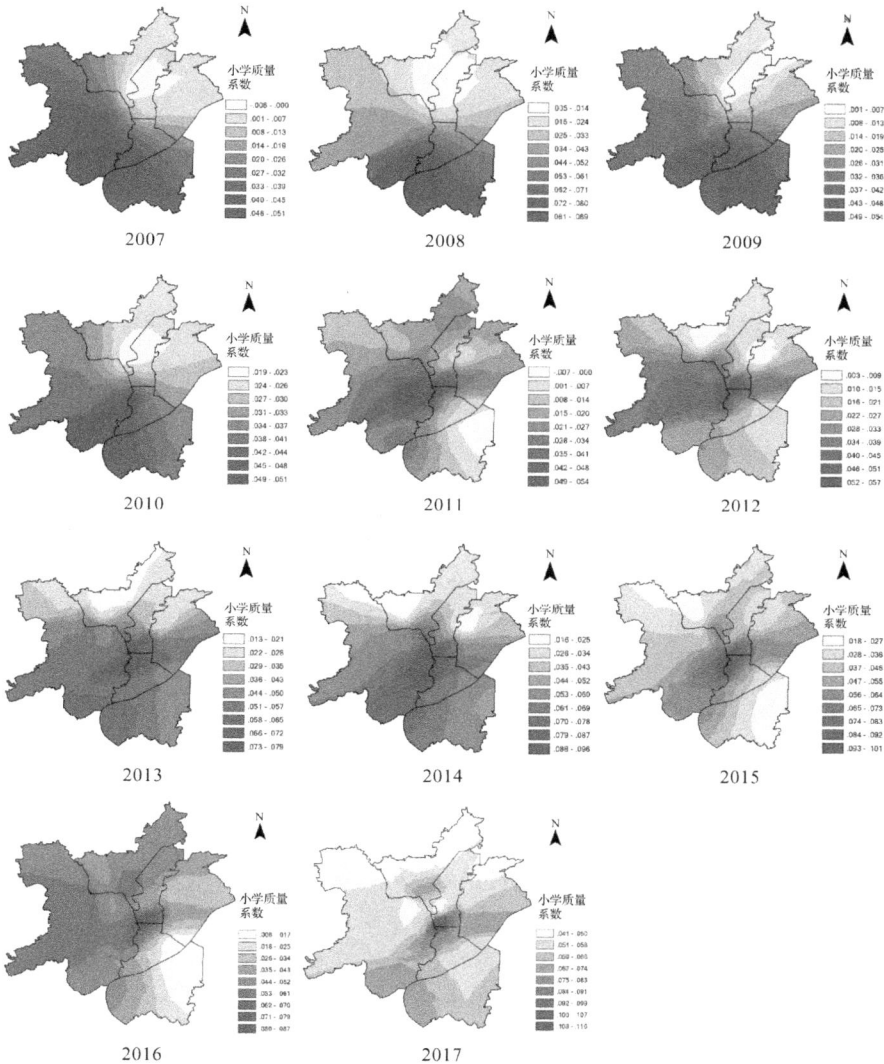

图 5.7　2007—2017 年 GWR 回归小学质量系数分布克里金插值结果

这一结果说明，小学质量对住宅价格的资本化效应存在显著的空间异质性。近年来，小学的资本化效应普遍表现出在城市中心较强、逐渐向四周递减的空间分布规律。这可能是因为杭州市的优质小学在城市中心较为集中，比如杭州市排名前列的学军小学和天长小学都位于这一区域，并且诸如杭州市文三街小学、求是浙大附小、长寿桥小学、保俶塔实验学校和安吉路小学等一些优质小学也位于城市中心地区。地理加权模型的实证结果说明，这些优质小学能更大程度地提升周边的住宅价格，城市中心地区由于小学资源禀赋的优异性而表现出更加强烈的小学资本化效应，并且该区域的购房者更加愿意为获得这些优质的小学教育资源而支付较高的学区溢价。

(2)小学资本化效应空间分布的动态演变

从空间—时间维度观察，小学质量的资本化效应的空间分布模式在2007—2010年没有一致的规律，分别在城市西部或者城市南部表现出资本化效应的峰值。而从2011年开始，小学质量的资本化效应一致地表现为在城市中心最大、向四周递减的分布模式。

这一演变趋势说明，小学质量资本化效应的空间分布存在明显的动态集聚规律。这可能是因为随着城市居民对优质小学的支付意愿日益增加（本书第四章已揭示），一些家庭会依据教育资源的质量在城市不同区域迁移。由于杭州市的优质小学较多分布在城市中心附近，这一区域的小学质量资本化效应随之逐渐加强，从而催生了这一空间集聚分布趋势。

这一结果从侧面反映了近年来购房者以房择校的意愿逐渐明显。笔者由此推测，随着时间的推移，一方面，生源的不均衡分配可能会扩大优质学校与一般学校之间的质量差距，进一步加剧择校行为，不利于教育资源的均衡配置；另一方面，个别城市区域内学区房的价格可能会被进一步推高，这对于房地产市场的健康发展也会产生一定的影响。

综上，地理加权模型揭示了小学质量的资本化效应存在明显的空间异质性，补充了传统的特征价格模型和空间计量模型得到的结论。特征价格模型和空间计量模型的结果显示，各年间小学质量能较大程度地提升周边住宅价格，而地理加权模型的结果进一步表明这一影响自2011年起在城市中心表现得尤为强烈，揭示出了不同城市区域的购房者对小学质量的异质性偏好和支付意愿，并从侧面反映了杭州市小学教育资源可能在空间上存在配置不均衡以及发展不同步的问题。

三、初中

(1)初中资本化效应的空间分布规律

初中质量显著性分布结果显示，2007—2017年，初中质量的显著性范围逐渐扩大，从2007年在城市部分地区显著，到2010年及以后发展为除城市东部部分地区外、在城市大部分地区显著的规律，且基本在1‰的显著性水平下显著。这一结果表明，初中质量是提高大部分城市区域住宅价格的重要因素之一，由于初中入学严格按照户籍所在地执行，大部分城市区域的购房者在进行购房决策时都将住宅所属的初中学区作为重要的考虑因素之一。

　　如图 5.8 所示的初中质量系数分布显示，2007—2014 年，初中质量的资本化效应零星地呈现出在城市西北部、南部或西部较大、向四周递减的规律；而 2015—2017 年，则发展为集中地在城市西部区域最大、向四周递减的规律。

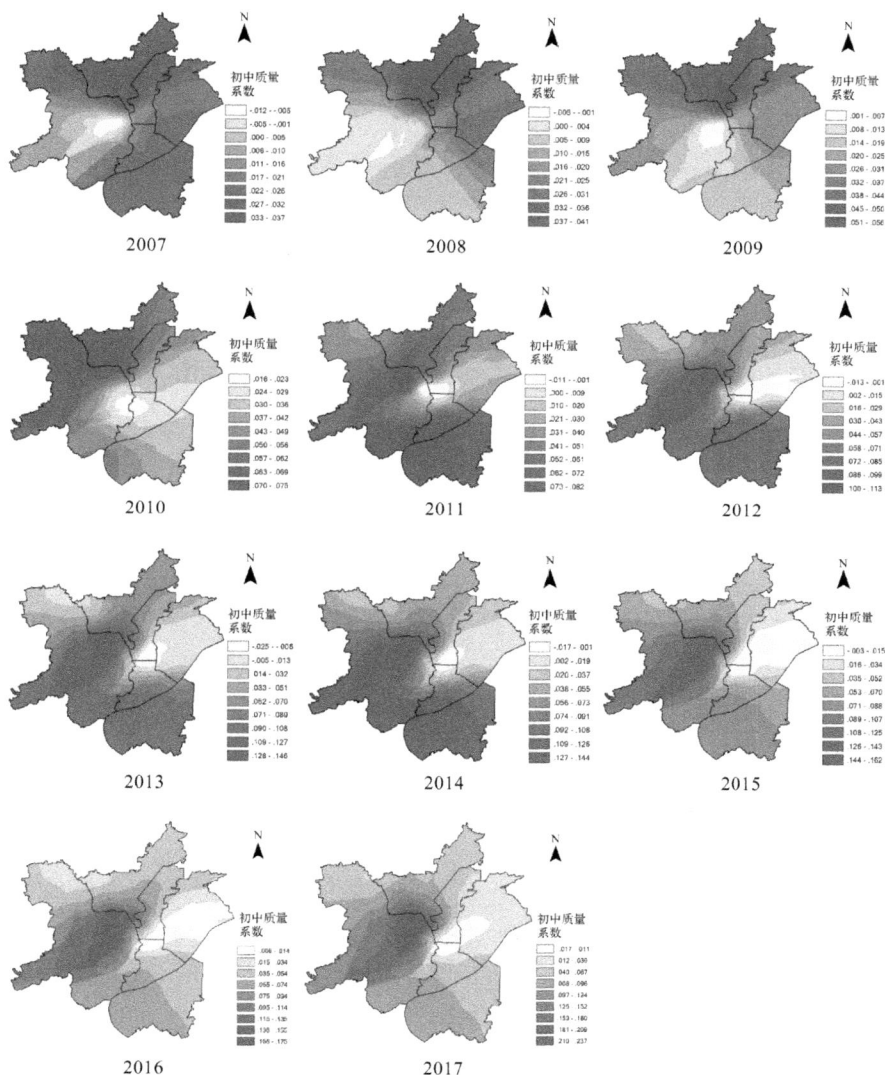

图 5.8　2007—2017 年 GWR 回归初中质量系数分布克里金插值结果

　　这一结果说明，初中的资本化效应存在显著的空间异质性。这可能是因为杭州市的优质初中并不像优质小学那样集中分布在某一区域，因此 2007—2017 年，初中的资本化效应的峰值分别在城市多个区域内出现。

（2）初中资本化效应空间分布的动态演变

从空间—时间维度观察，初中的资本化效应的空间分布在 2014 年及以前较为零散、未见一致的空间分布规律。而在 2015—2017 年，初中的资本化效应一致地在城市西部区域呈现峰值、向四周递减。这说明初中资本化效应的空间异质性分布存在一定的动态演变规律，尽管它在空间上的集中趋势并不像小学那样由来已久，但仍然不可忽视。

这可能是因为居民对初中教育资源同样存在着一定的择校意愿。近年来，人们可能对位于城市西部的一些优质初中教育资源（如杭州市第十三中学、安吉路实验学校等）的偏好和支付意愿有所增强，从而使得城市西部的初中资本化效应自 2015 年起表现得尤为突出。

这一演变趋势从侧面反映了近年来城市西部的初中教育资源与其他地区的教育资源之间的质量差距可能逐渐明显。笔者由此推测，随着时间的推移，初中教育资源在空间上发展不平衡等问题或将显现。这些问题会加剧人们的择校意愿，可能会导致部分城市区域的住宅价格因初中学区而产生非理性溢价，进而阻碍了教育资源均衡、有效的配置。

综上，初中质量的资本化效应存在显著的空间异质性。地理加权模型的结果深化了传统特征价格模型和空间计量模型得出的结论，揭示了初中质量的资本化效应在空间维度上的异质性以及不同城市区域的购房者对初中教育资源的不同偏好，也在一定程度上反映了杭州市初中教育资源在空间配置上所存在的潜在的问题。

四、高中

（1）高中资本化效应的空间分布规律

邻近高中显著性分布结果显示，邻近高中这一变量在 2010 年及以前在大部分城市区域基本不显著，而在 2011 年及以后大致在城市中心偏西北部等小部分地区显著。这一结果说明，高中仅对城市小部分地区的住宅价格具有一定的影响。这是因为居住地的选择并不能决定孩子最终就读的高中一定是居住地附近的，而实际上高中的招生仍严格按照学生的中考成绩择优录取。并且随着交通的便利程度日益增加，大部分城市区域的购房者未将高中的邻近性作为主要的购房决策依据。

如图 5.9 所示的邻近高中系数分布显示，2011 年及以后，邻近高中的资本化效应在城市中心偏西北部展现出较为明显的影响。这一结果说明，邻近高中的资本化效应存在一定的空间异质性。

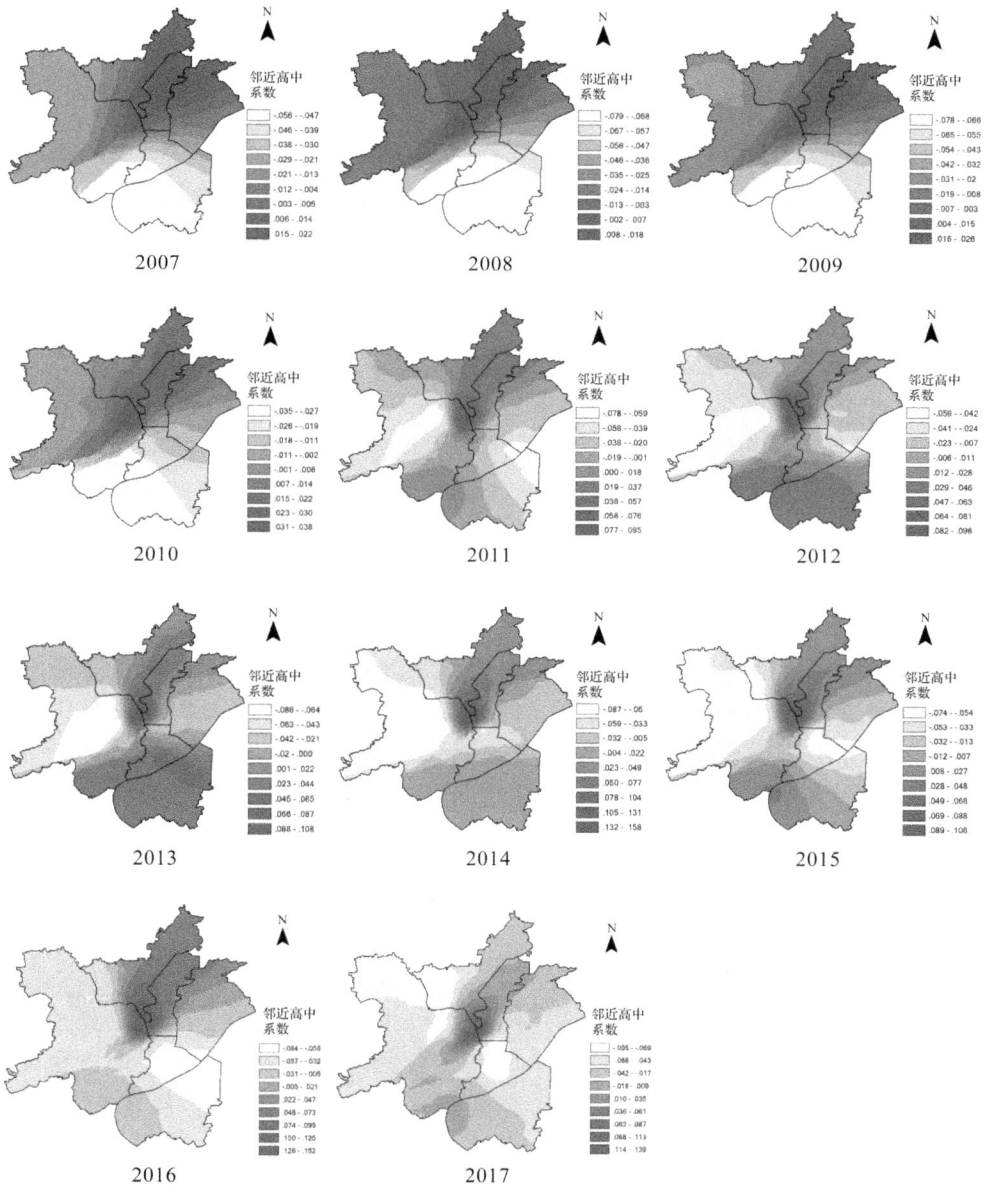

图 5.9　2007—2017 年 GWR 回归邻近高中系数分布克里金插值结果

这可能是因为杭州市前八所重点高中里,有四所(学军中学、杭州高级中学、杭州第十四中学以及浙江大学附属中学)都位于城市中心偏西北部,该区域的高中邻近性能为周边住宅带来相对显著的增值作用,该区域的购房者对高中邻近性的重视程度和支付意愿相对比其他地区的购房者更加明显。

(2)高中资本化效应空间分布的动态演变

从空间—时间维度观察,高中资本化效应的空间分布模式自 2011 年起呈现出在城市中心偏西北部显著的规律。这一结果说明,由于城市中心偏西北部区域相对集中了较多的优质高中资源,近年来与其他地区相比表现出了相对显著的高中资本化效应。

综上,由地理加权模型得出了传统的特征价格模型和空间计量模型无法得到的深层次结论。特征价格模型和空间计量模型的结果显示,各年间在全局维度上并无显著的高中资本化效应。而实际上,近年来高中的邻近性在城市小部分区域,尤其是优质高中分布较多的区域,能显著地提高住宅价格,因此成为该区域购房者进行购房决策时关注的因素之一。

五、大学

(1)大学资本化效应的空间分布规律

邻近大学的显著性分布结果显示,各年度邻近大学变量基本在城市中心偏西部区域显著。如图 5.10 所示的邻近大学系数分布显示,邻近大学的资本化效应在各年度大致呈现出在城市中心偏西部区域较高、往四周递减的规律。

这一结果表明,大学的邻近性对住宅价格的影响存在空间异质性。2007—2017 年,邻近大学基本上只在城市中心偏西部的部分区域存在显著的资本化效应。这可能是因为一些知名大学位于这一区域,比如浙江大学(玉泉校区与西溪校区)和浙江工商大学(教工路校区)等,所以这一区域的住宅更易享受到邻近大学的生活便利性和环境舒适性,因而出现了较为显著的大学邻近性溢价。

(2)大学资本化效应空间分布的动态演变

从空间—时间维度观察,2007—2017 年大学的资本化效应基本呈现出在城市中心偏西部区域较为显著的规律,且总体的资本化程度逐年递增,从 2011 年开始增长较为明显。

这一结果说明,大学的资本化效应的空间分布模式大致保持平稳。这可能是因为杭州市城市中心偏西部区域一直以文教区闻名,集聚了许多优质高等院校。所以相比于其他区域来说,它表现出更强的大学资本化效应,大学校园的邻近性一直是引起这一区域住宅价格增值的因素之一。

综上,由地理加权模型得出,邻近大学的资本化效应存在空间异质性,相比于

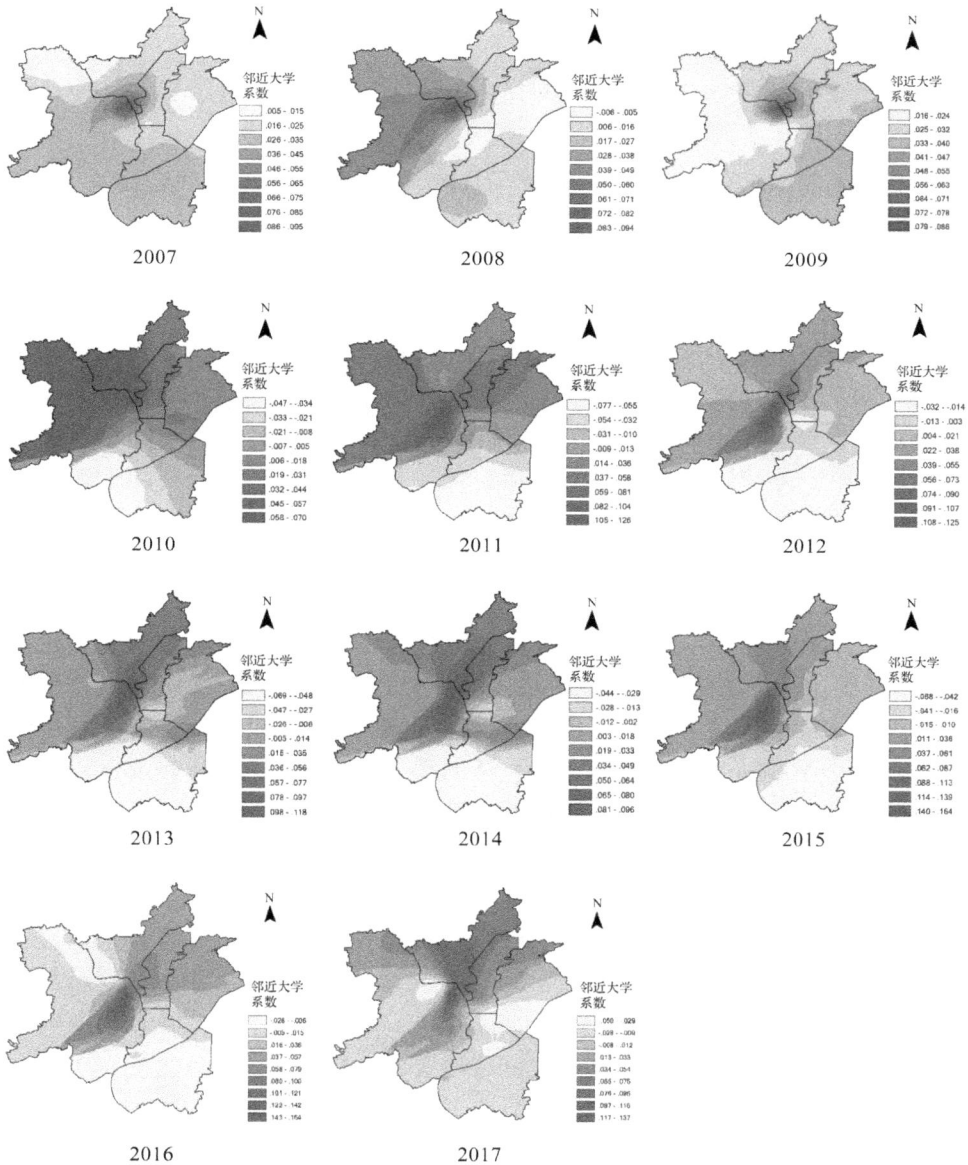

图 5.10 2007—2017 年 GWR 回归邻近大学系数分布克里金插值结果

特征价格模型和空间计量模型得出的结论(邻近大学在 2011 年以后开始显著影响住宅价格),其结论更为翔实,GWR 回归结果进一步揭示了城市不同区域的购房者对大学邻近性的支付意愿存在一定的差异性。

第四节 本章小结

在第四章得到的特征价格模型和空间计量模型的全局维度回归结果基础上,本章从局部视角探索各阶段教育资源资本化效应的空间异质性分布规律及其动态演变趋势。基于 2007—2017 年的住宅交易数据,沿用前文的特征价格分析框架,建立了地理加权模型,并采用地理信息系统技术,将地理加权模型的回归结果在地图上进行可视化展示,利用克里金插值法估计整个研究区域内的教育资源资本化效应的空间分布及动态演变。

地理加权模型的回归结果显示,各阶段教育资源对住宅价格的影响存在明显的空间异质性。本章主要得到以下结论。

①学区制度下的小学和初中的资本化效应呈现明显的空间异质性,并展示出独特的动态演变规律。2010 年及以后小学质量和初中质量的资本化效应在绝大部分城市区域显著存在。其中,小学质量资本化效应的空间分布模式从 2011 年起,逐渐演变为在城市中心较强、逐渐向四周递减的规律;初中质量的资本化效应在 2014 年及以前并未显示出明显的集中趋势,而自 2015 年起,我们在城市西部区域一致地观察到初中资本化效应的峰值。这一结果说明,近年来大部分城市区域的购房者对小学和初中教育质量存在显著的需求与偏好,并逐渐表现出以房择校的意愿强烈,而杭州市义务教育资源在空间上可能存在配置不均衡、质量发展不协调的问题。

②幼儿园数量、邻近高中和邻近大学也在一定程度上资本化入住宅价格当中,但仅对小部分城市区域的住宅价格存在显著的影响。幼儿园的邻近性在各年间显著影响部分区域的住宅价格,在 2012 年及以后大致在城市中心偏西北部区域表现出相对显著的资本化效应;邻近高中在 2011 年及以后大致对城市中心偏西北部区域的住宅价格表现出相对较显著的资本化效应;邻近大学在 2007—2017 年主要在城市中心偏西部部分邻近优质大学的区域有着显著的资本化效应。

地理加权模型的结果进一步加深了本书第四章的发现。第四章中传统的特征价格模型和空间计量模型主要基于全局维度进行估计,揭示了幼儿园、小学、初中、高中和大学的平均资本化效应;而地理加权模型在处理空间异质性方面具有独特优势,能得到更加翔实的结果。本章的实证结果表明,各阶段教育资源的资本化效应在空间上分布不均匀,并展现出一定的演变规律。这揭示了不同城市区域的购房者对各教育资源存在异质性偏好,并从侧面反映了杭州市教育资源在空间上可能存在配置不均匀、质量发展不同步等问题。实证结果显示，义务教育资源资本化效应的空间集聚作用日益显著，进而说明，在就近入学的制度下，购房者以房择校的意愿日渐明显。由此推测，随着时间推移，生源的不均匀分配可能会继续扩大城市不同区域义务教育资源之间的质量差距，加剧择校行为，并可能进一步推高学区房的价格。这既不利于教育资源在空间上的均衡配置，也可能为房地产市场的健康发展带来一定的影响。

第六章 教育资源资本化效应的社会异质性：基于社会—时间维度的动态演变

前文利用特征价格模型和空间计量模型揭示了城市教育资源对住宅价格有显著的影响，并利用地理加权模型和地理信息系统进一步发现这一影响存在空间异质性。本章将继续从社会维度探索教育资源资本化效应的社会异质性，沿用同样的特征价格分析框架，利用 2007—2017 年的住宅交易数据，构建两阶段空间分位数回归模型，揭示来自不同社会阶层的不同住宅价格的购房者对各阶段教育资源的偏好及其动态演变规律。

第一节 两阶段空间分位数回归模型的设定

在社会维度上，假设住宅是一种正常的交易商品，那么购买昂贵住宅的富裕家庭，与购买低廉住宅的普通家庭相比，对各阶段教育资源的边际支付意愿是否有所不同？大多数现有研究并未着重探索这一问题，而分位数回归模型（quantile regression model）可以帮助我们进一步揭示不同收入水平与社会阶层的高端和低端住房的购房者的异质性行为（陈强，2014）。这种方法在社会科学领域得到了广泛应用，可以提供普通最小二乘（OLS）所不能提供的重要信息（Buchinsky，1998；García et al.，2001；Arias et al.，2001；Manning et al.，1995；Cole et al.，1992；Koenker et al.，2001；Yu et al.，2003）。

经典线性回归通常估计条件均值函数，寻找残差平方和达到最小值时的变量取值，假设总体回归函数为

$$Y = X\beta + \mu \tag{6.1}$$

线性回归的参数估计如式（6.2）所示：

$$\min \sum e_i{}^2 = \sum (Y_i - \hat{Y}_i)^2 \tag{6.2}$$

分位数回归的基本思路类似线性回归，但不同的是，其估计的是条件分位数函数，以寻找绝对残差加权和达到最小值时的取值。假设连续一元随机变量 Y，其分布函数是 $F_Y(y)$，可以将其第 τ 分位数用下式表达：

$$q_\tau(Y) = \inf\{y : F_Y(y) \geqslant \tau\} \tag{6.3}$$

其中，$\tau \in (0,1)$。分布函数与分位数存在对应关系，从而随机变量的分布可以由足够多的分位数来确定（罗玉波，2009）。Koenker 等（1978）提出了分位数回归方法，通过条件分位数估计解释变量对被解释变量的影响。这一方法结合了条件分位数与传统回归方法，具体思路如下。

在给定 X 时，连续随机变量 Y 的条件分布为 $F_{Y|X}(y)$，则第 τ 条件分位数可以表示为

$$q_\tau(Y \mid X) = \inf\{y : F_{Y|X}(y) \geqslant \tau\} \tag{6.4}$$

可见，$q_\tau(Y \mid X)$ 为 X 的函数，记作 $f(X) = q_\tau(Y \mid X)$。Koenker 等（1978）取 $f(X)$ 为线性函数，将上式表示为

$$f(X) = X'\beta_0(\tau) \tag{6.5}$$

那么，

$$Y = X'\beta_0(\tau) + \varepsilon \tag{6.6}$$

上式即是线性分位数回归（linear quantile regression），其中 $\beta_0(\tau)$ 为待估计参数，ε 满足 $q_\tau(\varepsilon \mid X) = 0$ 的约束。待估计参数 $\beta_0(\tau)$ 满足

$$\beta_0(\tau) = \underset{\beta}{\arg\min} E\{\rho_\tau(Y - X'\beta)\} \tag{6.7}$$

其中，$\rho_\tau(z)$ 为对号函数（check function），表示为 $\rho_\tau(z) = z(\tau - I(z < 0))$，其中 $I(\cdot)$ 为示性函数。若给定独立同分布样本 (Y_i, X_i)，$\beta_0(\tau)$ 的估计方法如下：

$$\hat{\beta}_0(\tau) = \underset{\beta}{\arg\min} \sum_{i=1}^n \rho_\tau(Y_i - X_i'\beta) \tag{6.8}$$

值得注意的是，现有的许多有关房地产市场的分位数研究常常忽视了住宅价格的空间自相关性。由于相邻的住宅拥有同样的区位和邻里特征，并享受类似的舒适性景观，它们的价格通常在空间上相关。忽视住宅价格的空间自相关性可能会得到有偏的估计（Basu et al.，1998）。为了在分位数回归模型中控制被解释变量的空间自相关性问题，基于两阶段最小二乘（two-stage least square，2SLS）的分位数回归模型——两阶段空间分位数回归（two-stage spatial quantile regression，

2SQR）和工具变量分位数回归（instrumental variable quantile regression，IVQR）相继被提出。Kim 等（2004）提出了 2SQR，这一方法与 2SLS 回归相似。2SLS 是一种特殊的工具变量法，由 Theil（1953）和 Basmann（1957）提出，能有效避免回归模型中由内生性解释变量造成的有偏估计（Anselin，2001）。基于这一思路，Kim 等（2004）对于每一个分位数，将内生性变量（空间滞后项）与其他协变量进行回归，并在第二阶段用其预测值代替这一内生性变量的值，从而有效处理数据的空间属性，并解决可能存在的内生性问题。在现有的许多研究中，协变量矩阵（$\boldsymbol{X}$）及其与空间权重矩阵的乘积（$\boldsymbol{WX}$）常被视作空间滞后项的工具变量（Zietz et al.，2008；Kuethe et al.，2012）。而 IVQR 与广义矩估计（generalized method of moments，GMM）原理相似，由 Chernozhukovm 等（2006）提出。这一方法在处理弱工具变量和有限样本时展示出独特的优势（Liao et al.，2012）。例如，Kostov（2009）利用 IVQR 针对农业用地价格进行了实证研究。2SQR 由于仅需要对每个感兴趣的分位点进行两次连续的分位数回归，因此具有更高的计算效率。而 IVQR 则需要更多的计算时间，因为 IVQR 执行估算的必要步骤是在每个感兴趣的分位点的空间自相关的允许范围内定义一系列的精细栅格，并分别进行分位数回归（Liao et al.，2012）。因此，本书采用 2SQR 方法处理分位数回归模型中潜在的空间效应和内生性影响。

笔者参考已有文献，构建 2SQR 模型来探索教育资源资本化效应在社会维度上的异质性。为了与 2SQR 进行对比，构建 2SLS 模型作为基础模型，在第一阶段采用工具变量对空间滞后项进行回归，在第二阶段用得到的空间滞后项的预测值（$\boldsymbol{W}\ln\hat{\boldsymbol{P}}$）代替原先回归方程的空间滞后项，得到新的回归方程估计量。现有的研究通常利用模型中所有解释变量及其滞后项（$\boldsymbol{X}$ 和 $\boldsymbol{WX}$）作为工具变量来得到模型中空间滞后项的预测值（Zietz et al.，2008；Kuethe et al.，2012）。

本章参考这一方法，首先，构建 2SLS 模型，如式（6.9）所示；同样地，空间权重矩阵的构建如式（6.10）所示。

$$\ln\boldsymbol{P}=\boldsymbol{\alpha}_0+\rho\boldsymbol{W}\ln\hat{\boldsymbol{P}}+\delta_l\boldsymbol{E}_l+\alpha_1\ln\boldsymbol{S}+\beta_i\ln\boldsymbol{L}_i+\gamma_j\ln\boldsymbol{N}_j+\theta_k\boldsymbol{N}_k+\mathbf{Time}+\boldsymbol{\varepsilon}$$
$$(l=1,2,\cdots,5;\ i=1,2,\cdots,5;\ j=1,2;\ k=1,2,\cdots,7) \qquad (6.9)$$

$$W_{ij}=\frac{1}{d_{ij}} \qquad (6.10)$$

其中，$\boldsymbol{W}$ 为空间权重矩阵；$\boldsymbol{W}\ln\hat{\boldsymbol{P}}$ 表示经第一阶段处理后的空间滞后项的预测值；$\boldsymbol{E}_l$ 表示教育特征；$\boldsymbol{S}$ 表示建筑特征；$\boldsymbol{L}_i$ 表示区位特征；$\boldsymbol{N}_j$ 表示连续的邻里特征；

N_k 表示其他邻里特征；$\boldsymbol{\alpha}_0$，δ_l，α_1，β_i，γ_j 和 θ_k 为待估计参数；ρ 为待估计的空间自回归系数；$\boldsymbol{\varepsilon}$ 为误差项。此外，d_{ij} 表示样本点 i 和样本点 j 之间的距离，当 $i=j$ 时，$W_{ij}=0$。

其次，构建 2SQR 模型。先在分位数回归模型中加入空间滞后项，控制住宅价格的空间自相关性带来的影响，并参照经典文献所采用的方法（Kelejian et al.，1993；1999），然后进一步利用 2SLS 的思路对空间滞后项进行修正，利用第一阶段得到的空间滞后项的预测值（$W\ln\hat{\boldsymbol{P}}$）进行第二阶段的回归，获得各特征变量在各个分位点的边际影响。与构建 2SLS 同理，在第一阶段利用回归方程中的解释变量及其滞后项（$\boldsymbol{X}$ 和 $\boldsymbol{WX}$）来估计空间滞后项的预测值。

参考 Kim 等（2004）以及 Liao 等（2012）所采用的方法，本书构建了 2SQR 模型，如式（6.11）所示：

$$\ln\boldsymbol{P}=\boldsymbol{\alpha}_0(\tau)+\rho(\tau)\boldsymbol{W}\ln\hat{\boldsymbol{P}}+\delta_l(\tau)\boldsymbol{E}_l+\alpha_1(\tau)\ln\boldsymbol{S}+\beta_i(\tau)\ln\boldsymbol{L}_i$$
$$+\gamma_j(\tau)\ln\boldsymbol{N}_j+\theta_k(\tau)\boldsymbol{N}_k+\text{Time}+\boldsymbol{\varepsilon}$$
$$(l=1,2,\cdots,5;\ i=1,2,\cdots,5;\ j=1,2;\ k=1,2,\cdots,7) \qquad (6.11)$$

其中，τ 表示住宅价格的各个分位点；$\boldsymbol{\alpha}_0(\tau)$，$\rho(\tau)$，$\delta_l(\tau)$，$\alpha_1(\tau)$，$\beta_i(\tau)$，$\gamma_j(\tau)$ 和 $\theta_k(\tau)$ 为第 τ 分位点的待估计参数；其余变量与式（6.9）一致，权重矩阵的构建与式（6.10）一致。

第二节　社会异质性初步分析：基于 2SQR 的显著性情况

本书利用 MATLAB 和 Stata 14.0 软件进行回归分析，得到 2007—2017 年的 2SLS 和 2SQR 回归结果。由于篇幅所限，在所有分位点的结果中选取第 10，20，…，90 分位点这 9 个分位点的结果进行分析。各年度 2SLS 和 2SQR 在各个分位点的回归结果拟合度如表 6.1 所示，各年度各阶段教育资源在第 10，20，…，90 分位点的回归结果以及 2SLS 的回归结果，如表 6.2 至表 6.6 所示。

表 6.1　2007—2017 年 2SLS 和 2SQR 回归模型的拟合优度

年份	Adj-R^2 2SLS	Pseudo-R^2 QR_10	Pseudo-R^2 QR_20	Pseudo-R^2 QR_30	Pseudo-R^2 QR_40	Pseudo-R^2 QR_50	Pseudo-R^2 QR_60	Pseudo-R^2 QR_70	Pseudo-R^2 QR_80	Pseudo-R^2 QR_90	N
2007	0.5429	0.4494	0.3731	0.3455	0.3429	0.3458	0.3509	0.3753	0.4110	0.4719	286
2008	0.5695	0.3845	0.3707	0.3539	0.3536	0.3641	0.3761	0.4126	0.4588	0.5090	291
2009	0.5759	0.4139	0.3819	0.3684	0.3671	0.3763	0.3881	0.4091	0.4420	0.4525	295
2010	0.5482	0.3669	0.3433	0.3535	0.3552	0.3559	0.3506	0.3651	0.3979	0.4441	312
2011	0.5991	0.4431	0.4131	0.3968	0.3942	0.3951	0.4035	0.4155	0.4335	0.4524	490
2012	0.6502	0.4931	0.4573	0.4470	0.4389	0.4370	0.4389	0.4429	0.4470	0.4513	508
2013	0.6283	0.4800	0.4361	0.4175	0.4061	0.4010	0.3997	0.4076	0.4204	0.4241	508
2014	0.6514	0.4499	0.4450	0.4436	0.4439	0.4434	0.4427	0.4440	0.4433	0.4497	507
2015	0.6522	0.4731	0.4394	0.4217	0.4136	0.4153	0.4260	0.4415	0.4476	0.4535	505
2016	0.6035	0.4134	0.4086	0.4049	0.3998	0.3980	0.4009	0.3984	0.4079	0.4361	450
2017	0.5395	0.3689	0.3686	0.3688	0.3664	0.3684	0.3621	0.3604	0.3753	0.3873	474

表 6.2　2007—2017 年幼儿园数量的 2SQR 回归结果

年份	(1) 2SLS	(2) QR_10	(3) QR_20	(4) QR_30	(5) QR_40	(6) QR_50	(7) QR_60	(8) QR_70	(9) QR_80	(10) QR_90
2007	0.0007	0.0024	0.0024	0.0039*	0.0042**	0.0037*	0.0020	0.0009	0.0035	−0.0009
2008	0.0008	0.0035	0.0045***	0.0039*	0.0036*	0.0041*	0.0043	0.0027	0.0019	0.0032
2009	0.0005	0.0035*	0.0031	0.0029	0.0029	0.0025	0.0020	0.0026	0.0001	0.0042
2010	0.0031	0.0061**	0.0048*	0.0039*	0.0042**	0.0046**	0.0051**	0.0037	0.0044	0.0038
2011	0.0004	0.0044*	0.0024	0.0018	0.0014	0.0012	0.0008	0.0010	−0.0005	−0.0001
2012	0.0016	0.0036*	0.0041**	0.0040**	0.0017	0.0020	0.0021	0.0017	0.0007	0.0021
2013	0.0019	0.0025	0.0031	0.0035**	0.0030*	0.0009	0.0001	0.0012	0.0015	0.0035
2014	0.0017	0.0018	0.0010	0.0003	0.0008	0.0006	−0.0002	0.0006	0.0016	0.0019
2015	0.0015	0.0049**	0.0036*	0.0027	0.0020	0.0017	0.0021	0.0004	0.0023	0.0037
2016	0.0013	0.0036	0.0035*	0.0027	0.0021	0.0009	0.0015	0.0005	0.0000	0.0039
2017	0.0008	0.0058**	0.0017	0.0020	0.0017	0.0007	−0.0010	−0.0024	0.0011	0.0018

*** 表示在 1% 的显著性水平下显著；** 表示在 5% 的显著性水平下显著；* 表示在 10% 的显著性水平下显著。

表 6.3 2007—2017 年小学质量的 2SQR 回归结果

年份	(1) 2SLS	(2) QR_10	(3) QR_20	(4) QR_30	(5) QR_40	(6) QR_50	(7) QR_60	(8) QR_70	(9) QR_80	(10) QR_90
2007	0.0154	0.0335***	0.0252**	0.0118	0.0086	0.0144	0.0169	0.0085	0.0205	0.0120
2008	0.0263**	0.0321*	0.0188**	0.0221*	0.0216*	0.0221*	0.0144	0.0069	−0.0052	0.0122
2009	0.0234*	0.0243**	0.0250**	0.0268**	0.0160	0.0128	0.0083	−0.0058	0.0014	0.0477
2010	0.0245**	0.0116	0.0256*	0.0205*	0.0164*	0.0306**	0.0221*	0.0171	0.0027	0.0163
2011	0.0237***	0.0216	0.0143	0.0241***	0.0267***	0.0199**	0.0215**	0.0271**	0.0216*	0.0214
2012	0.0269***	0.0233*	0.0191*	0.0231**	0.0245***	0.0302***	0.0188*	0.0255**	0.0346***	0.0243
2013	0.0283***	0.0322**	0.0235**	0.0182*	0.0217**	0.0156	0.0128	0.0283**	0.0321***	0.0264
2014	0.0358***	0.0521***	0.0341**	0.0281**	0.0409***	0.0423**	0.0348***	0.0281**	0.0277**	0.0203
2015	0.0380***	0.0481***	0.0454***	0.0441***	0.0436***	0.0404***	0.0361***	0.0342***	0.0338**	0.0218
2016	0.0409***	0.0233	0.0351***	0.0449***	0.0424***	0.0381***	0.0345***	0.0494***	0.0400**	0.0489**
2017	0.0480***	0.0501**	0.0657***	0.0635***	0.0662***	0.0632***	0.0601***	0.0565***	0.0514***	0.0524*

*** 表示在1%的显著性水平下显著;** 表示在5%的显著性水平下显著;* 表示在10%的显著性水平下显著。

表 6.4 2007—2017 年初中质量的 2SQR 回归结果

年份	(1) 2SLS	(2) QR_10	(3) QR_20	(4) QR_30	(5) QR_40	(6) QR_50	(7) QR_60	(8) QR_70	(9) QR_80	(10) QR_90
2007	0.0207	0.0312***	0.0359***	0.0441***	0.0339***	0.0298**	0.0262*	0.0208	0.0245	0.0218
2008	0.0224	0.0324*	0.0426***	0.0329**	0.0291**	0.0266*	0.0149	0.0184	0.0330*	0.0285
2009	0.0240*	0.0309**	0.0437***	0.0427***	0.0368***	0.0212*	0.0144	0.0165	0.0259	0.0534**
2010	0.0398***	0.0344**	0.0312*	0.0351**	0.0360***	0.0347**	0.0330**	0.0365*	0.0494***	0.0437
2011	0.0384***	0.0327*	0.0246*	0.0335**	0.0291***	0.0317***	0.0406***	0.0432***	0.0240	0.0230
2012	0.0346***	0.0283*	0.0320**	0.0206*	0.0208*	0.0228*	0.0320**	0.0259*	0.0218	0.0413*
2013	0.0340***	0.0107	0.0260*	0.0265*	0.0382**	0.0264**	0.0345**	0.0319**	0.0239	0.0308
2014	0.0361***	−0.0002	0.0257*	0.0308*	0.0287*	0.0359**	0.0437***	0.0424***	0.0369**	−0.0019
2015	0.0413***	0.0207	0.0177	0.0257*	0.0288*	0.0364**	0.0517***	0.0456**	0.0476**	0.0441*
2016	0.0445***	0.0351*	0.0281*	0.0335**	0.0257*	0.0339*	0.0336**	0.0416**	0.0456**	0.0222
2017	0.0457***	0.0123	0.0305**	0.0232**	0.0225*	0.0265*	0.0360**	0.0416**	0.0669***	0.0372

*** 表示在1%的显著性水平下显著;** 表示在5%的显著性水平下显著;* 表示在10%的显著性水平下显著。

表 6.5　2007—2017 年邻近高中的 2SQR 回归结果

年份	(1) 2SLS	(2) QR_10	(3) QR_20	(4) QR_30	(5) QR_40	(6) QR_50	(7) QR_60	(8) QR_70	(9) QR_80	(10) QR_90
2007	−0.0101	0.0178	0.0035	0.0104	0.0068	−0.0066	−0.0148	−0.0052	−0.0182	−0.0128
2008	−0.0145	0.0207	0.0136	0.0185	−0.0056	−0.0141	−0.0149	−0.0115	−0.0034	−0.0072
2009	−0.0141	0.0131	0.0223	0.0051	−0.0111	−0.0143	−0.0080	−0.0123	−0.0085	−0.0438
2010	0.0096	0.0034	0.0080	0.0034	−0.0055	−0.0022	0.0005	0.0039	0.0157	0.0021
2011	0.0024	−0.0172	−0.0086	−0.0003	0.0026	0.0042	0.0096	0.0068	0.0046	0.0110
2012	0.0112	−0.0058	−0.0015	0.0036	0.0121	0.0158	−0.0023	0.0278	0.0223	0.0208
2013	0.0148	−0.0124	0.0035	0.0184	0.0142	0.0096	0.0098	0.0227	0.0136	0.0121
2014	0.0136	−0.0389	−0.0078	0.0035	0.0105	0.0122	0.0168	0.0338*	0.0243	−0.0262
2015	0.0137	0.0251	−0.0042	−0.0025	−0.0117	−0.0105	0.0023	0.0183	0.0340	0.0517*
2016	0.0111	−0.0142	−0.0057	0.0094	0.0108	0.0095	0.0099	0.0166	0.0219	0.0340
2017	−0.0040	−0.0007	−0.0596	−0.0654	−0.0449	−0.0162	−0.0004	0.0258	0.0192	−0.0424

　*** 表示在1％的显著性水平下显著；** 表示在5％的显著性水平下显著；* 表示在10％的显著性水平下显著。

表 6.6　2007—2017 年邻近大学的 2SQR 回归结果

年份	(1) 2SLS	(2) QR_10	(3) QR_20	(4) QR_30	(5) QR_40	(6) QR_50	(7) QR_60	(8) QR_70	(9) QR_80	(10) QR_90
2007	0.0206	0.0080	0.0019	0.0195	0.0217	0.0273	0.0060	0.0145	−0.0117	−0.0241
2008	0.0118	−0.0100	−0.0089	−0.0082	0.0000	−0.0035	−0.0028	0.0204	0.0249	0.0342
2009	0.0206	−0.0155	0.0076	−0.0071	0.0075	0.0149	0.0029	0.0241	0.0402	0.0382
2010	0.0172	−0.0223	−0.0021	0.0189	0.0075	0.0038	0.0095	0.0157	0.0380	0.0453
2011	0.0245	0.0028	0.0249	0.0130	0.0209	0.0267*	0.0413**	0.0374**	0.0129	0.0337
2012	0.0255*	0.0364	0.0238	0.0204	0.0259*	0.0205	0.0315**	0.0216	0.0167	0.0005
2013	0.0192	0.0183	0.0130	0.0167	0.0126	0.0120	0.0258	0.0186	0.0274	0.0183
2014	0.0266*	0.0039	0.0231	0.0176	0.0191	0.0159	0.0212	0.0309*	0.0405*	0.0472*
2015	0.0307**	0.0130	−0.0081	0.0060	0.0207	0.0280	0.0357*	0.0464**	0.0590**	0.0561*
2016	0.0439***	0.0138	0.0136	0.0143	0.0308*	0.0439**	0.0337	0.0434*	0.0631**	0.0360
2017	0.0297*	0.0295	0.0242	0.0394*	0.0358	0.0315	0.0388**	0.0147	−0.0328	−0.0031

　*** 表示在1％的显著性水平下显著；** 表示在5％的显著性水平下显著；* 表示在10％的显著性水平下显著。

表 6.1 显示，各年度 2SLS 的模型拟合优度介于 0.5429 和 0.6522 之间，具有理想的解释能力。两阶段空间分位数回归模型在各分位点的拟合优度基本位于理想的区间内，2SQR 具有较好的解释能力。下面将基于 2SQR 回归结果的显著性情况，分别讨论不同阶段教育特征变量是否在住宅价格的不同条件分布上存在异质性影响，将其作为判断教育资源资本化效应社会异质性的初步依据。

（1）幼儿园数量在 2007—2017 年对部分中低分位点的住宅价格存在显著正向的资本化效应

表 6.2 显示，各年间幼儿园数量零星地在住宅价格条件分布的中低尾（第 10～60 分位点）显著。以 2007 年、2010 年、2013 年和 2017 年为例：2007 年，幼儿园数量变量在第 30～50 分位点显著为正；2010 年，在第 10～60 分位点显著；2013 年，在第 30～40 分位点显著；2017 年，在第 10 分位点显著。

这一结果说明，部分中低价位住宅的购房者对幼儿园的邻近性表现出一定的需求和支付意愿，而较高价位住宅的购房者通常不存在显著的偏好。这可能是因为来自不同阶层的不同价位住宅的购房者对幼儿园的邻近性具有不同的需求或偏好，幼儿园资本化效应因此表现出一定的社会异质性。

（2）小学质量自 2011 年起对绝大多数分位点的住宅价格存在显著的资本化效应

表 6.3 显示，小学质量在 2010 年及以前对大部分中低分位点的住宅价格存在显著的正向影响，在 2011—2015 年基本对除最高分位点外的其余价位住宅存在显著的正向影响，而在 2016 年和 2017 年几乎在住宅价格的全部条件分布上都存在显著的资本化效应。

这一结果说明，在就近入学的学区制度下，近年来来自不同社会阶层的不同价位住宅的购房者都将小学质量作为购房的重要决策因素。2011 年及以后，绝大部分价位住宅的购房者都愿意为优质小学支付一定附加价格。部分年度中小学质量在最高分位点上不显著的原因，可能是高档住宅通常借助于品质、区位或品牌等方面的优越性来赢得客户，而小学学区并不是这类顶级住宅的目标客户关注的主要因素。

（3）初中质量在 2007—2017 年对大部分分位点的住宅价格存在显著的资本化效应

表 6.4 显示，2007—2017 年，初中质量在住宅价格的大部分条件分布上存在显著正向的资本化效应。这一结果表明，来自不同社会阶层的大部分购房者对住宅所属的初中学区较为重视，愿意为其支付一定的附加费用，使初中质量资本化

入住宅价格的大部分条件分布中。同样地，高档住宅的购房者更加关注住宅的档次、品质或所在区位，相比而言，初中质量并非其购买顶级住宅的主要动机，因此，部分年度中在住宅价格的较高分位点上未观察到明显的初中资本化效应。

（4）邻近高中在各年度对几乎所有分位点的住宅价格都没有显著的影响

表 6.5 显示，邻近高中基本上对住宅价格的所有条件分布都不存在显著的影响。由于高中招生由中考成绩直接决定，来自各个社会阶层的不同价位住宅的购房者对邻近高中居住不存在明显的偏好，邻近高中的影响在社会维度上不存在显著的异质性。

（5）邻近大学自 2011 年起对部分中高分位点的住宅价格存在显著的资本化效应

表 6.6 显示，邻近大学在 2010 年及以前基本对各分位点的住宅价格都不存在显著的影响，而在 2011—2017 年大致对部分中高分位点的住宅价格存在显著正向的资本化效应。

这一结果与本书第四章得出的结论一致，进一步说明近年来由于人民生活水平的提高，部分来自较高社会阶层或具有较高收入水平的中高价位住宅的购房者逐渐表现出一定的邻近大学居住的偏好和支付意愿，而大部分低价位住宅的购房者在进行购房决策时并未将邻近大学校园作为决策因素之一。

综上，2SQR 回归结果的显著性情况初步揭示了幼儿园、小学、初中和大学的资本化效应在住宅价格的不同分位点存在一定的差异，即存在显著的社会异质性。在社会维度上，各阶段教育资源分别展示出不同的特点，并在时间维度上表现出一定的演变规律。因此，下面将结合 2SQR 系数分布的图形走势进一步分析 2007—2017 年各阶段教育资源的资本化效应在住宅价格的不同分位点的分布情况及其演变规律，深入地揭示出各阶段教育资源资本化效应的社会异质性。

第三节　社会异质性分布及动态演变：结合 2SQR 的系数趋势图

本章第二节揭示了各阶段教育资源的资本化效应在住宅价格的不同条件分布上表现出不同的特点，下面将结合两阶段空间分位数回归（2SQR）系数走势图，进一步探索各阶段教育资源资本化效应的社会异质性的分布规律及动态演变。图 6.1 至图 6.5 分别展示了 2007—2017 年幼儿园数量、小学质量、初中质量、邻近高中和邻近大学的 2SQR 回归系数在住宅价格的不同条件分布上的走势。各图中,中间的实线表示从第 5,10,15,…,95 分位点的共计 19 个分位点的 2SQR 回归系数,灰色阴影区表示其 95% 的置信区间;另一条点划线表示 2SLS 的估计系数,其上下两条虚线代表 2SLS 估计结果的 95% 置信区间。总的来看,各阶段教育资源的 2SQR 估计值基本围绕在 2SLS 估计得到的平均资本化效应附近,极少有大幅偏离,这说明了 2SQR 回归结果的稳健性。下面将分别分析各阶段教育资源资本化效应的社会异质性规律。

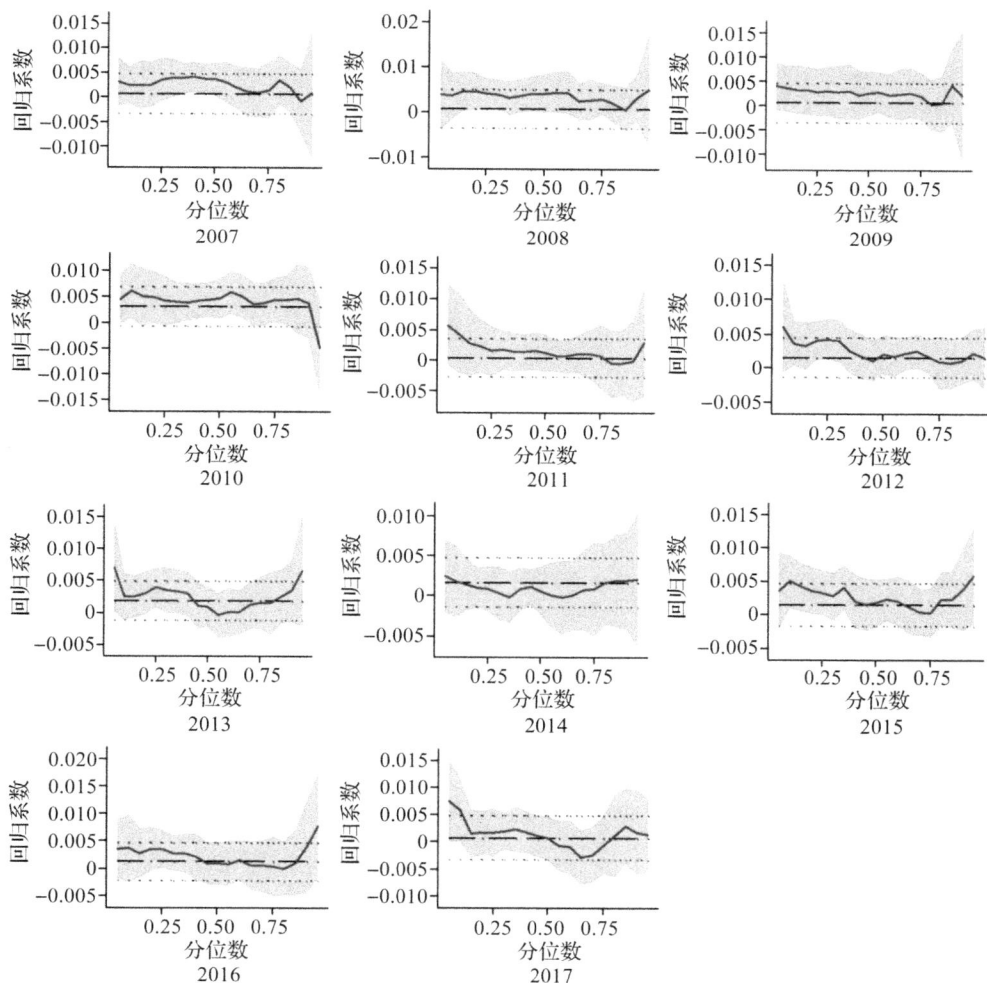

图 6.1 2007—2017 年幼儿园数量的 2SQR 回归系数走势

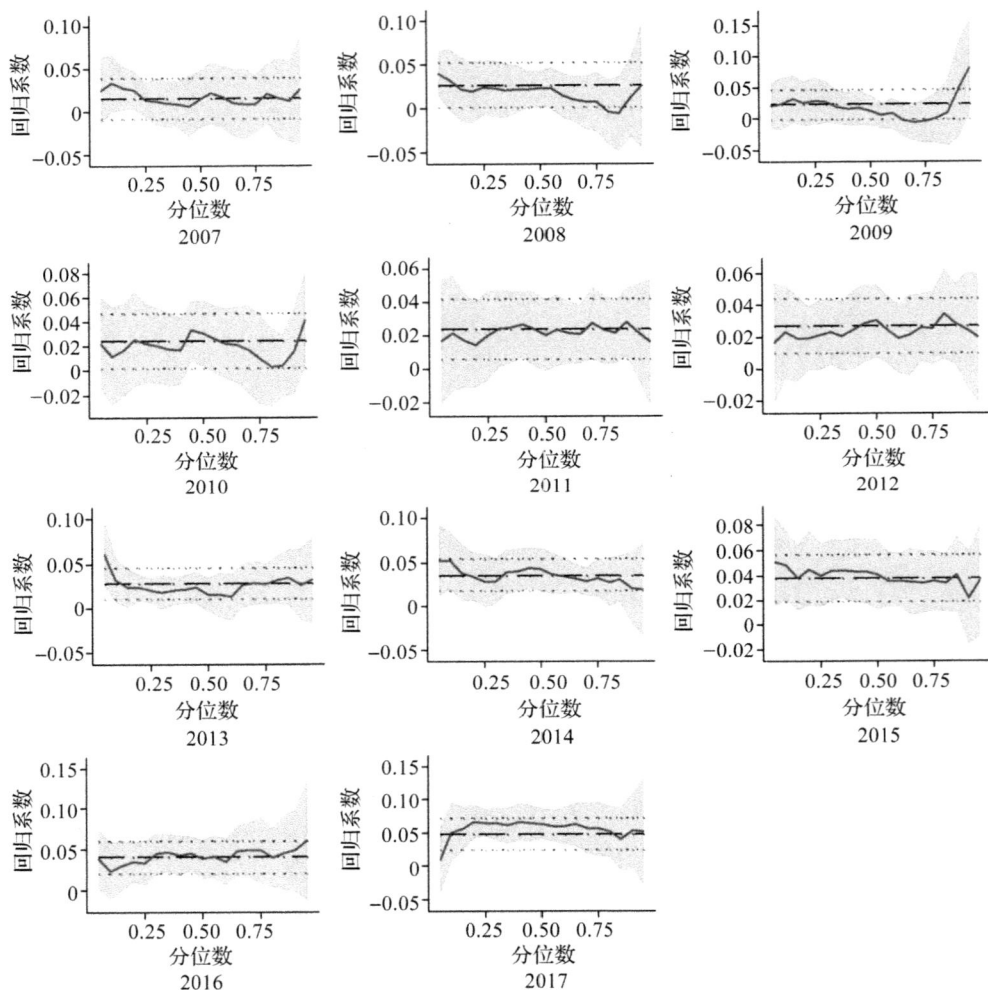

图 6.2　2007—2017 年小学质量的 2SQR 回归系数走势

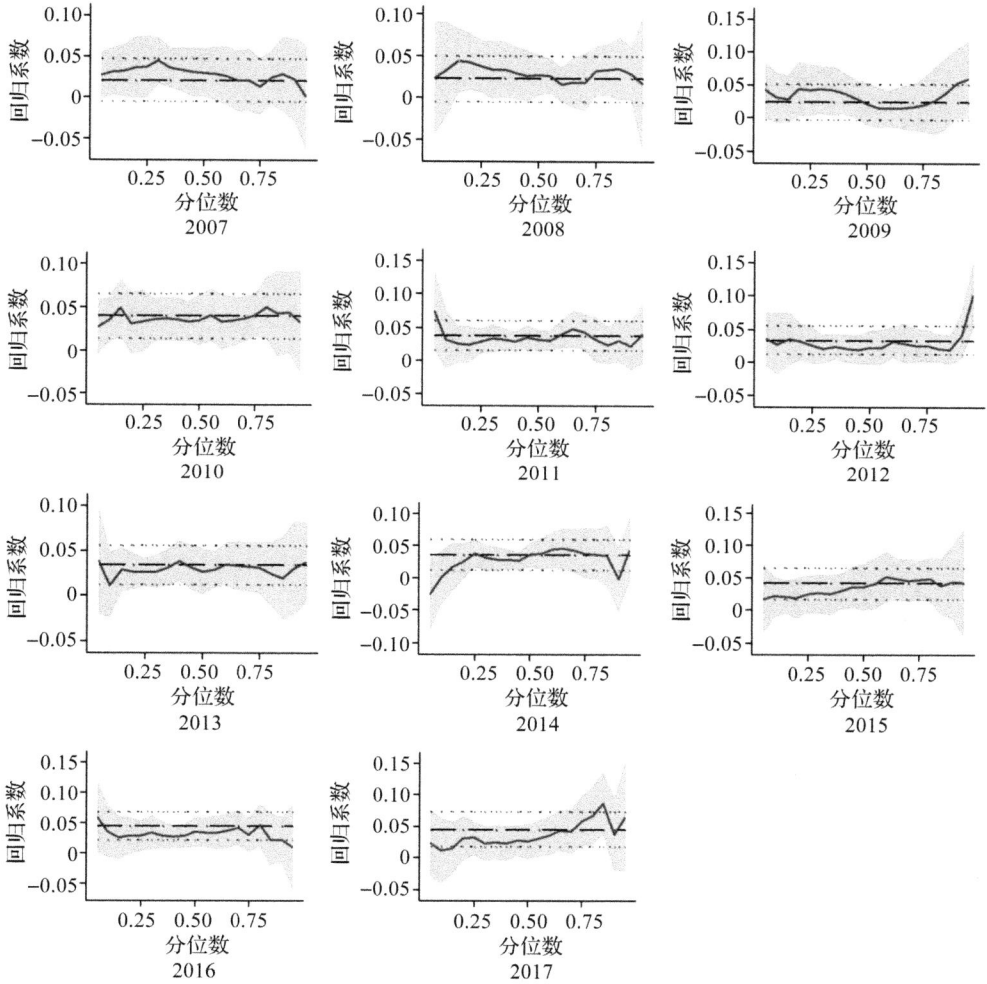

图 6.3　2007—2017 年初中质量的 2SQR 回归系数走势

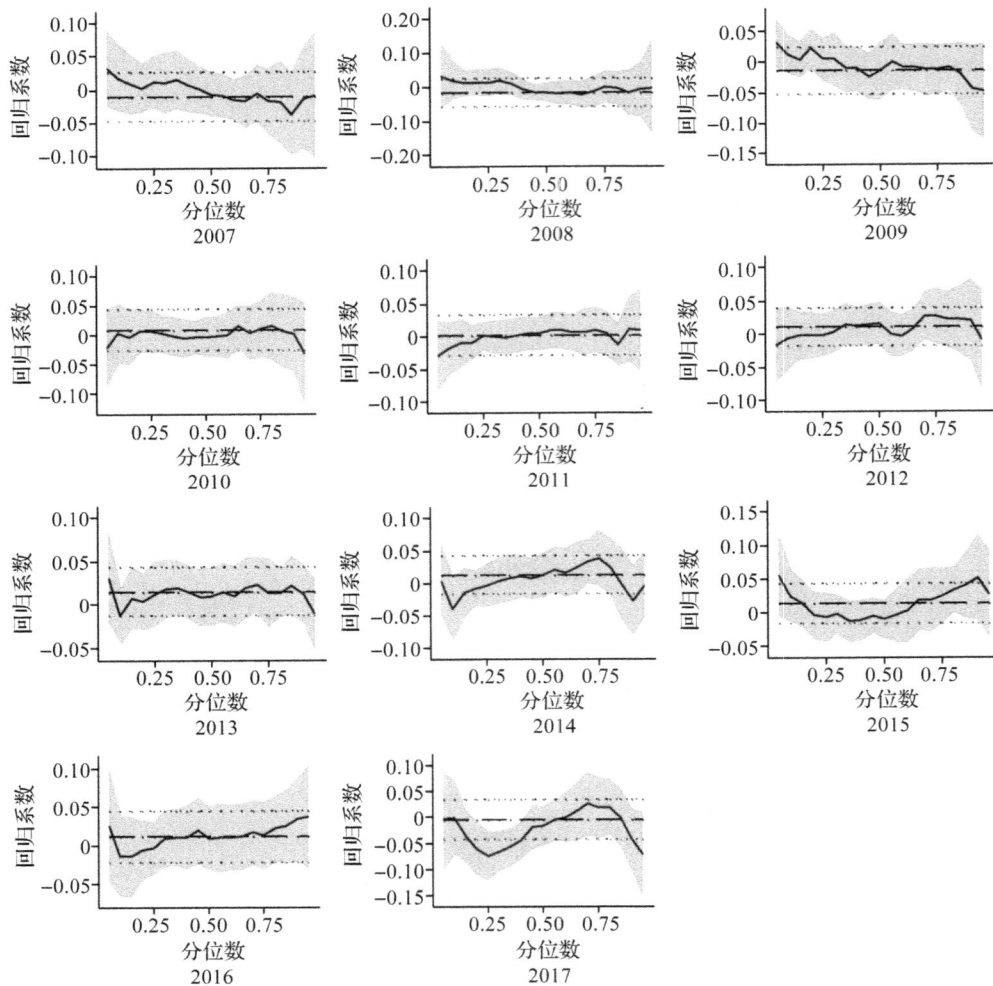

图 6.4　2007—2017 年邻近高中的 2SQR 回归系数走势

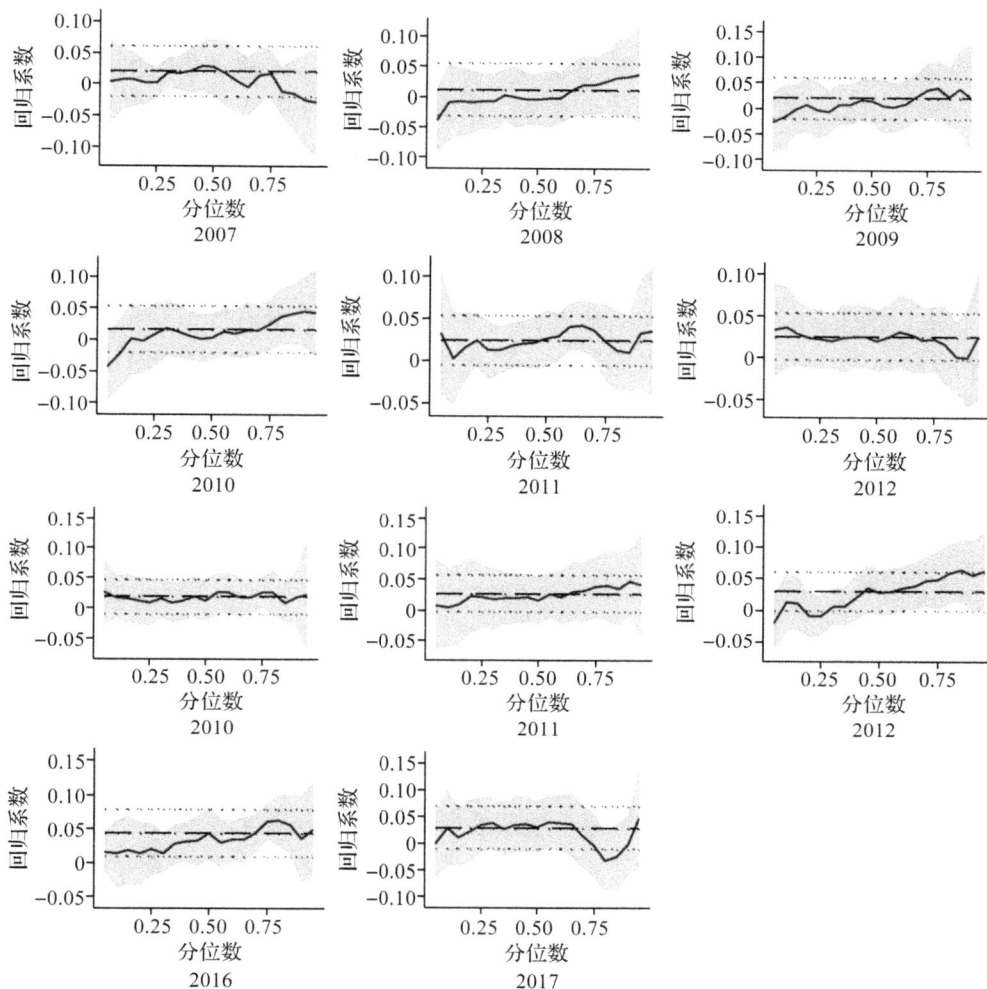

图 6.5　2007—2017 年邻近大学的 2SQR 回归系数走势

一、幼儿园

本章第二节中揭示了幼儿园的资本化效应在 2007—2017 年对部分中低分位点的住宅价格存在显著影响，而对较高分位点的住宅价格没有显著作用。进一步，如图 6.1 所示，各年度幼儿园数量的 2SQR 估计系数基本接近 2SLS 的估计系数。其中，2007—2010 年幼儿园数量的 2SQR 回归系数在住宅价格的中低分位点的走势较为平稳，而 2011—2017 年在住宅价格的中低分位点展现出明显的下行趋势。

这一结果揭示了幼儿园的资本化效应在社会维度上存在显著的差异。在2SQR的结果中，综观不同社会阶层和收入水平的购房者，较高价住宅的购房者通常不将幼儿园的邻近性作为购房的主要决策因素，而部分中低价住宅的购房者则在一定程度上表现出对幼儿园邻近性的支付意愿。此外，在2011年及以后，在这些关注幼儿园邻近性的群体中，较低价住宅的购房者比较高价住宅的购房者更加重视幼儿园的邻近性。这一下行趋势的出现，说明近年来较低价位住宅的购房者和较高价住宅的购房者之间关于幼儿园邻近性的支付意愿差异日益明显。

幼儿园的资本化效应表现出社会异质性，可能是由于不同社会阶层和收入水平的家庭对幼儿园的需求存在差异。与高价住宅的购房者群体相比，中低价住宅的购房者中，处于家庭生命周期初始阶段的较多，他们的孩子可能处在幼儿园的入学年龄，因此对幼儿园的邻近性存在一定需求。

由此可见，2SQR的结果有助于深化2SLS和传统特征价格回归等模型得到的平均资本化效应，这进一步揭示了不同社会阶层和收入水平的家庭对幼儿园的异质性偏好。

二、小学

本章第二节中分析得到，自2011年开始，小学质量的分位数回归系数基本在除了最高分位点外的其余分位点显著为正，2016年和2017年在几乎所有分位点显著。图6.2显示，小学质量的2SQR估计结果基本与2SLS估计结果接近，说明了模型的稳健性。并且，2011年后小学质量的回归系数在住宅价格的不同分位点上基本保持平稳，例如在2017年，第10～90分位点的小学质量回归系数基本集中分布在0.0501～0.0662，波动幅度并不明显。

2SQR的结果揭示了小学质量对不同价格的住宅存在着显著而广泛的影响，近年来，不同社会阶层和收入水平的各价位住宅的购房者基本上都十分重视住宅所属的小学学区质量，表现出对优质小学的需求与支付意愿。并且，不同社会阶层的购房者给予小学质量大致接近的关注程度。从时间维度考察，近年来小学质量得到了来自不同社会阶层的人们越来越广泛的关注，其重要性逐渐被全社会所认可。

产生这一结果的原因可能是我国义务教育阶段严格实行就近入学政策，小学的就读机会与城市住宅在一定程度上捆绑。出于"不能输在起跑线上"的传统理念，无论社会阶层和收入水平的高低，大部分家庭都十分重视孩子的小学教育，对优质小学存在明显的支付意愿。2SQR定量估计了不同社会阶层和收入水平的家庭对小学资源的偏好，揭示了小学教育资源对于社会而言都存在不容忽视的重要性。

三、初中

本章第二节中分析得出,2007—2017 年初中质量在大多数分位点显著正向地影响住宅价格。图 6.3 进一步显示,在 2011 年之前,初中质量的回归系数在各个分位点大致保持平稳,而从 2012 年开始,回归系数在大部分年度中大致呈现出向上倾斜的走势,并在 2014 年、2015 年及 2017 年倾斜得较为明显。以 2017 年为例,2SLS 估计得到的初中质量的条件均值回归系数为 0.0457;2SQR 回归结果则显示,初中质量的回归系数从第 20 分位点的 0.0305,逐渐增长至第 80 分位点的 0.0669。这说明,初中质量同样提高一个等级,第 20 分位点的住宅价格将会上涨 3.05%(约 610 元/m²),而第 80 分位点的住宅价格将会上涨 6.69%(约 1337 元/m²),涨幅为第 20 分位点处的 200% 多。由此可见,2SLS 得到的平均估计结果高估了初中质量对较低分位点住宅价格的影响并低估了其对较高分位点住宅价格的影响。

这一结果说明,来自不同社会阶层的不同价位住宅的购房者都对初中质量具有一定的偏好和支付意愿,并且较高价住宅的购房者的支付意愿强于较低价住宅的购房者。这一向上倾斜的趋势大致从 2012 年起开始出现,并在近年来尤为明显。随着时间的推移,较高价住宅购房者与较低价住宅购房者对初中质量的支付意愿差距日趋扩大,初中质量资本化效应的社会异质性日益显著。

此外,通过对比 2SQR 得到的小学质量和初中质量的资本化效应发现,2014—2017 年,在大部分中低分位点上,初中资本化效应低于小学资本化效应,而在较高分位点上,初中资本化效应逐渐增加,最后超过了相应的小学资本化效应并占据主导。比如 2017 年,2SQR 的回归结果显示,在住宅价格的第 70 分位点及之前,小学质量的回归系数显著高于相应的初中质量回归系数。由于小学的资本化效应在各分位点基本保持平稳,而初中的资本化效应则随着分位点的增加逐渐加强,因此在第 80 分位点上,初中质量的回归系数(0.0669)超过了对应的小学质量的回归系数(0.0514)。

这一结果说明,近年来中低价位住宅受小学质量的影响较大,而较高价住宅则受初中质量的影响较大。换言之,尽管来自不同社会阶层的人群都十分重视住宅所属的小学和初中学区质量,但其关注的重点仍有所不同。近年来,较低价位住宅的购房者相比于初中质量,对小学质量表现出更强的支付意愿,而较高价住宅的购房者在同等重视小学质量的基础上,对初中质量的支付意愿更强。

总的来说,在就近入学的学区制度背景下,初中的入学资格与居住地和户籍直接关联,由于对孩子初中教育的重视,因此不同社会阶层的家庭都愿意为拥有优质的初中学区支付一定的附加费用。并且,初中的教学质量直接决定学生能否进入优质高中,进而得到名牌大学的录取机会。因此,不同社会阶层的人群对初中教育资源的支付意愿有所不同。相比于普通家庭，一些收入水平较高的、购买较高昂住宅的购房者，由于经济条件上的优势，更有意愿、也更有能力为初中学区支付更多的附加费用。此外，由于中低价位住宅的购房者可能较多地处于家庭生命周期的初期，对于小学教育资源的需求更为紧迫，并且由于经济条件限制，暂时仅有能力满足其对小学学区的需求而难以兼顾初中学区，因此在住宅的中低分位点上显现出更强的小学资本化效应。相对地，拥有较为丰厚的收入和一定社会地位的较高价住宅的购房者，可以在考虑小学学区的基础上，进一步购买同时拥有优质初中学区的"双学区"住宅，因此在较高分位点上，初中的资本化效应高于小学的资本化效应。

2SQR 模型在揭示社会维度的异质性方面具有独到的优势，能够得到更加全面的结论。2SQR 的结果说明，在就近入学的学区制度下，优质的初中教育资源可以通过购买学区房获得，尽管不同社会阶层都对初中教育资源存在一定的偏好和支付意愿，但由于学区房高昂的成交价格，相对收入水平或者社会地位较高的家庭更有经济实力通过购买学区房而获得优质的初中教育资源，而处于相对劣势的家庭则难以平等地通过该途径而获得优质的初中教育，因而进入优质高中和大学的机会随之降低。由此可见，在房地产业高度市场化的背景下，旨在促进教育公平的学区制度逐渐导致作为城市公共品代表之一的教育资源的排他性和竞争性日益明显。教育资源的分配在社会维度上并不能做到完全公平，长此以往，寒门再难出贵子，社会阶层的两极分化将愈发明显，从而可能导致难以调解的社会矛盾。

四、高中

邻近高中的 2SQR 回归结果显示，各年度中这一变量几乎对所有分位点的住宅价格都没有显著的影响。尽管图 6.4 显示邻近高中的分位数回归系数在不同年度的各个分位点展现出一定的规律，仍然说明来自各个社会阶层的不同价格住宅的购房者对高中的邻近性未表现出明显的偏好和支付意愿。

这是因为高中的入学并不与居住地或户籍相关，而是直接由学生的中考成绩决定的，人们可以借助于日益发达的公共交通或者私人汽车便捷地抵达就读的高中。因此，相比于其他住宅特征，邻近高中并未在社会维度上展现出明显的异质性规律。

五、大学

本章第二节中分析得出，邻近大学从 2011 年开始对部分中高分位点的住宅价格有显著的正向影响。图 6.5 显示，2011—2013 年，邻近大学的回归系数在各个分位点基本保持平稳,而从 2014 年开始,在大部分年度中大致展现出随着分位点的增加逐渐递增的变化趋势。这说明近年来邻近大学主要对部分中高价住宅表现出显著的资本化效应,而对较低价住宅没有明显影响,并且较高价住宅的购房者相较于低价住宅的购房者具有更强的邻近大学居住的偏好与支付意愿。

这是因为大学校园能够为周边居民提供舒适的自然环境、便利的生活设施、良好的文化和商业氛围。随着社会经济的发展和人民生活水平的逐渐提高,近年来部分较高价住宅的购房者由于其宽裕的经济条件,在进行购房决策时更愿意为居住环境以及生活便利度的提高支付一定的溢价,因此不同于较低价住宅的购房者,他们逐渐表现出更显著的邻近大学居住的偏好和支付意愿。

2SQR 模型有助于深化传统特征价格法和 2SLS 的估计结果,揭示了来自不同社会阶层的不同价格住宅的购房者对邻近大学的异质性偏好。

第四节　本章小结

本章在社会维度上探索了各阶段城市教育资源对住宅价格的异质性影响及其演变规律。沿用前文的特征价格分析框架,利用 2007—2017 年的住宅数据及全面的特征变量体系,构建了两阶段空间分位数回归模型,在普通分位数回归模型的基础上考虑了住宅价格的空间自相关性和模型中可能存在的内生性影响,并进一步通过图形直观展示了各年度各教育资源的回归系数在住宅价格的不同条件分布上的走势。

研究结果显示,各年度中幼儿园数量、小学质量、初中质量和邻近大学的资本化效应在住宅价格的不同分位点上分别显示出一定的差异和规律,揭示了教育资源资本化效应存在显著的社会异质性,来自不同社会阶层的高、中、低价住宅的购房者对各类教育资源表现出异质性偏好。本章主要得到以下结论。

①各年度中幼儿园的邻近性对部分中低分位点的住宅价格存在显著影响,中低价住宅的购房者对幼儿园的邻近性存在一定的需求和支付意愿,而较高价住宅的购房者未表现出明显的偏好;并且 2011 年及以后,在这些关注幼儿园邻近性的群体中,较低价住宅的购房者相较于高价住宅的购房者表现出更强的支付意愿。

②小学质量在 2011 年及以后对绝大部分分位点的住宅价格存在显著的影响,各年间初中质量的资本化效应在大部分分位点显著存在。并且,各年度小学质量的回归系数在各分位点基本保持平稳,而初中质量的回归系数在 2012 年之后的大部分年度中呈现出向上倾斜的走势。在义务教育阶段就近入学的学区制

度下，来自不同社会阶层的家庭都十分重视小学和初中质量，且近年来较高价住宅的购房者对初中质量的支付意愿相较于低价住宅的购房者更高，这揭示了教育资源在社会维度上可能存在不平等分配的问题。实证结果进一步显示，2014年及以后，中低价位住宅受小学质量的影响较大，而较高价住宅则受初中质量的影响较大。

③各年度中，邻近高中基本对所有分位点的住宅价格都没有显著的影响，这说明来自不同社会阶层的家庭对高中的邻近性不存在明显的偏好，邻近高中并未在社会维度上展现出明显的异质性规律。

④大学的邻近性从2011年起对部分中高分位点的住宅价格存在显著的资本化效应，并在2014年及以后的大部分年度中在各个分位点上展现出向上倾斜的走势，这说明近年来较高价住宅的购房者更倾向于邻近大学居住。

与传统的特征价格模型等方法得到的教育资源的平均资本化效应相比，两阶段空间分位数回归模型得到了更加翔实的结论，揭示了各阶段教育资源对不同条件分布的住宅价格的影响，以及来自不同社会阶层的不同价位住宅的购房者对教育资源的异质性偏好。尽管全社会对小学和初中都十分重视，但来自更高社会阶层的、拥有丰厚物质基础的购房者对优质的初中学区的支付意愿更强，这可能会引起社会维度上教育资源不平等配置的问题。在房地产高度市场化的背景下，学区制度逐渐导致作为城市公共品代表之一的教育资源的排他性和竞争性日益明显。随着代际更替，"贫者越贫、富者越富"的"马太效应"加剧，可能会带来难以调解的社会矛盾。

第七章　总结与展望

本章将对各项实证研究进行总结。同时,进一步结合杭州市具体的教育政策背景、社会经济情况和房地产市场等因素,归纳教育资源资本化效应的异质演变规律的形成机制,并为实现教育资源的优化配置和教育均等化目标提出政策性建议。最后,本章将概括本书的主要贡献与意义,分析存在的不足,并提出对未来研究的展望。

第一节　研究结论

为了探索城市教育资源资本化效应的异质演变机制,本书系统地研究了计量经济学、城市经济学以及城市地理学等经典理论,回顾、总结了国内外关于城市教育资源等城市公共品和住宅价格之间的互动关系的理论和实证研究进展,并以此为基础构建了本书的理论分析框架。

本书搜集了杭州市六个主城区 2007—2017 年的住宅小区交易数据,进行实证分析。通过模型试算确定了最优的教育特征变量体系及合适的特征价格函数形式,并构建了多种计量经济模型,从时间、空间和社会三个维度实证检验了城市教育资源对住宅价格的影响及其异质演变规律:①构建特征价格模型,估计各阶段教育资源的全局平均资本化效应,从时间维度衡量教育资本化效应的动态演变情况,并利用空间计量模型控制住宅价格的空间自相关性和邻里效应的影响,优化传统的特征价格模型;②构建地理加权模型,从空间维度探索教育资本化效应的空间分异性及其动态演变规律,并利用地理信息系统将教育资源资本化效应的空间分布情况在地图上进行可视化表达;③构建两阶段空间分位数回归模型,在控制数据的空间属性和可能存在的内生性问题的基础上,从社会维度探索各阶段教育资源在住宅价格的不同条件分布上的异质性影响及其动态演变规律。

通过多维度的实证研究，得出以下主要结论。

(1)城市教育资源对住宅价格具有一定的全局平均影响，各阶段教育资源分别呈现出不同的规律

义务教育阶段的小学和初中在 2007—2017 年都能大幅提升住宅价格。各年度中，小学质量每提高一个等级，对应学区内的住宅价格将会上涨 2.3%～6.1%（460～1219 元/m²）。初中质量每提高一个等级，对应学区内的住宅价格将会上涨 3.0%～6.3%（600～1259 元/m²）。初中的资本化效应普遍略高于小学的资本化效应。并且，实证发现，至小学和初中的距离未能对住宅价格产生显著的影响。邻近大学在 2011 年以后表现出显著的资本化效应，大学将为其周边 1km 内的住宅价格带来 2.5%～4.4% 的增值效应（500～879 元/m²）。此外，个别年度中幼儿园的邻近性能较小程度地提升住宅价格，而各年度中，邻近高中不能显著影响住宅价格。由此可见，城市居民对小学质量、初中质量和邻近大学存在显著的偏好与支付意愿，这些城市教育资源的价值已不同程度地资本化入住宅价格中。

(2)从时间维度考察，小学质量、初中质量和邻近大学的资本化效应随着时间推移逐渐增长，城市教育资源的重要性愈发显著

以空间滞后模型的回归结果为例：小学质量的回归系数从 0.023（2007 年）大幅增长至 0.060（2017 年），涨幅高达 161%；初中质量的回归系数从 0.030（2007 年）大幅增长至 0.057（2017 年），涨幅接近 90%；邻近大学的回归系数从 0.030（2011 年）逐渐增长至 0.037（2017 年），涨幅约为 23%。这一结果说明，城市居民对小学质量、初中质量和邻近大学的需求和重视程度与日俱增，并愿意为这些城市教育资源支付越来越多的额外费用。

(3)从空间维度考察，城市教育资源对住宅价格的资本化效应存在明显的空间异质性

各阶段教育特征变量的地理加权模型结果的显著性分布显示：小学质量在 2010 年及以后在城市大部分地区表现出显著的资本化效应；初中质量资本化效应的显著性范围在 2007—2017 年逐渐扩大，从 2010 年开始基本在 1% 的显著性水平下在城市大部分地区显著。这一结果说明，在学区制度的背景下，近年来居住在城市大部分区域的居民十分重视住宅所属的小学和初中质量，并愿意为其支付一定的额外费用；各年间大学的邻近性仅在部分城市区域，特别是优质高等院校较为集中的区域（杭州城市中心偏西部）显著提高住宅价格；幼儿园和高中的邻近性也在一定程度上资本化入住宅价格当中，但仅对城市小部分区域的住宅价格存在显著影响，而大部分城市区域的购房者并未重点关注住宅是否邻近幼儿园或高中。

（4）教育资源资本化效应的空间分布分别展现出独特的动态演变规律

教育特征变量的地理加权模型系数的空间分布显示，各阶段城市教育资源的资本化效应的空间异质性分布在时间维度上表现出一定的演变规律。其中，小学质量的资本化效应从 2011 年起，逐渐演变为在城市中心较强，逐渐向周边递减的规律；初中质量的资本化效应在 2007—2014 年未观察到一致的空间分布规律，而在 2015—2017 年一致地表现为在城市西部区域最大，向周边递减的分布模式；幼儿园的空间分布模式逐渐从早年间分散地在部分城市区域显著转变为 2012 年及以后集中地在城市中心偏西北部显著；高中资本化效应自 2011 年起开始在城市中心偏西北部显著；各年度大学的资本化效应基本呈现出在城市中心偏西部区域较为显著的规律。地理加权模型的结果说明，杭州市城市教育资源在空间上可能存在配置不均衡、质量发展不协调的问题，尤其是对于义务教育阶段的小学和初中。实证结果还显示，义务教育资源资本化效应的空间集聚作用日益显著，在就近入学的制度下，购房者以房择校的意愿日渐明显。

（5）教育资源的资本化效应在不同年度、不同住宅价格的条件分布上分别显示出一定的差异和规律，揭示了教育资源资本化效应的社会异质性

来自社会不同阶层的、拥有不同收入水平的高、中、低价住宅的购房者对城市教育资源表现出异质性的偏好和支付意愿。①各年度中，幼儿园的邻近性仅对部分中低分位点的住宅价格存在显著影响，这说明中低价位住宅的购房者对幼儿园存在一定的需求和支付意愿，而较高价住宅的购房者并不关注幼儿园的邻近性。②近年来，小学质量和初中质量的资本化效应在大多数分位点显著存在，这说明不论收入水平或者社会阶层的高低，大部分购房者都十分重视孩子的小学和初中教育。并且，小学质量的回归系数在各分位点基本保持平稳，而初中质量的回归系数则在 2012 年之后的大部分年度中呈现出向上倾斜的走势。这一结果揭示了来自所有社会阶层的各档次住宅的购房者都同样地重视住宅所属的小学质量。初中质量直接决定学生能否考入一所好的高中，较高价住宅的购房者有赖于经济条件的优势，更愿意也更有能力为优质的初中学区支付更多的附加费用，这可能导致教育资源不平等分配的问题。并且，实证结果显示，自 2014 年起，在大部分中低分位点上，初中资本化效应低于小学资本化效应，而在较高分位点上，初中资本化效应逐渐增加，最后超过了相应的小学资本化效应并占据主导。这说明中低价住宅的购房者更重视小学教育资源，而较高价住宅的购房者在重视小学教育资源的基础上，还有能力同时兼顾初中教育资源。③邻近高中，这一变量几乎对所有分位点的住宅价格都没有显著的影响，由于高中入学直接是由中考成绩决定的，

邻近高中在社会维度上并未表现出明显的异质性影响。④大学的邻近性从 2011 年起对部分中高分位点的住宅价格存在显著的正向影响，并从 2014 年开始大致呈现出向上倾斜的变化趋势，这说明近年来较高价住宅的购房者相较于低价住宅的购房者具有更强的邻近大学居住的偏好和支付意愿。

总的来说，本书的实证结果表明，城市教育资源显著影响住宅价格，其中小学和初中由于就近入学的学区制度表现出尤为明显的资本化效应。同时，城市教育资源的资本化效应被证实存在多个维度的异质性演变规律，主要表现为时间维度上的动态递增，以及空间维度和社会维度上的显著异质性。

第二节　形成机制

城市教育资源的资本化效应及其异质演变的形成机制复杂，涉及经济、社会和政治等多方面因素，较少有学者进行深入总结。结合杭州市的实际情况，本书从经济发展、房地产市场、城市发展、教育政策以及社会阶层演变五个方面，系统地分析了城市教育资源资本化效应及其异质演变的形成机制。

(1)经济的稳定进步为与日俱增的教育需求提供基础，加强了教育资源的资本化效应

浙江省作为改革开放的先行地，四十多年来走出了一条独具特色的发展之路，成功地由基本温饱向全面小康跨越，并从资源小省蜕变为经济大省。杭州市作为浙江省的经济、文化和政治中心，出色地展现了省会城市的担当。杭州市拥有巨大的经济潜力，近年来通过发达的新兴产业实现了经济的快速发展。许多优秀企业陆续在杭州市扎根。与此同时，城市居民的收入稳步上升，经济的发展也令杭州市展现出独特的城市吸引力，吸引着全国各地的人才流入和社会投资，实现了经济的健康稳定发展。

伴随着经济的稳定发展，杭州市人民的生活水平发生了质的飞跃。人民的基本需求已不仅仅停留在温饱等物质层面，而上升到更高层次的精神需求。在这些精神层面需求中，对下一代的教育是关乎千家万户的民生大计，得到了大部分家庭的高度重视。出于"不能让孩子输在起跑线上"的传统思想，市民将下一代的教育支出视为家庭的重要投资活动之一。与此同时，他们认为孩子能否进入一所优质的小学和初中学习是未来能否考取优质高中与大学的前提条件，所以对小学和初中的需求较为强烈。

在义务教育阶段就近入学的学区制度下,我国严格依照户籍所在地划分小学和初中就读学区,这一基本教育制度使得城市教育资源一定程度上资本化入住宅价格当中,使得小学质量和初中质量表现出较强的资本化效应(本书第四章第二节已揭示)。此外,随着收入的增加,人们越来越有经济实力考虑日常开支以外的投资活动。因此,人们对孩子教育的重视程度和对优质教育资源的需求与日俱增,越来越愿意为优质的教育资源支付一定的附加费用。

(2)房地产业的高度市场化激化了对优质教育资源的竞争,进一步加剧了教育资源的资本化效应

1998 年,中国全面实施住房制度改革,宣告计划经济时期福利分房的结束以及房地产商品化的开始。在此后的十余年间,中国大部分城市的房地产业和建筑业经历了飞速发展的"黄金时期"。在住房改革后的十多年间,房地产业每年的增速持续高于当年国内生产总值的增速。自此,房地产业成为拉动中国经济增长的重要产业之一(况伟大,2010)。由于不存在准入限制,大量资金从其他行业纷纷涌入房地产业,民营房地产企业如雨后春笋般活跃起来,抓住时机发展壮大。在住房制度改革之后的几年间,民营企业占所有房地产企业的比例极大,国有房地产企业的市场份额最低时仅占比 8%,房地产业实现了高度市场化。

随着房地产业的市场化进程,商品住房开发和配置的市场化程度逐渐上升,不断地刺激着人们的住房消费。但是,商品房市场的发展在带动全国经济的同时,也带来了一些问题,其中最引人瞩目的就是飙升的住宅价格。住房制度改革仅过去 20 年,许多城市的住宅价格就经历了大幅的上涨。起初,人们的住房消费主要出于改善居住水平的目的。但随着住宅价格的迅速提升,部分人群从中嗅出了商机,通过投资炒房获得了巨大的利润。越来越多的房地产投资客,甚至是炒房团的出现,使得原本稳步上升的住宅价格继续飙升,造成了当下买房难的社会问题。由于住宅所处的学区质量是影响住宅价格的重要因素之一,因此很多投资客将目光投向了教育地产。基于当下人们对优质教育资源的高度重视,一些优质学校附近的楼盘常常被卖出"天价",教育地产被许多投资客认为是稳赚不赔的投资手段,这进一步推动了城市教育资源的资本化效应。

除此之外,当下比起单纯地投资学区房更为普遍的做法是,许多家长出于不让孩子输在起跑线上的初衷,早在孩子达到适学年龄之前就提前准备购置学区房,以保证孩子能够获得优质的义务教育。并且,这些家长们常常在自己的孩子完成小学或者初中的学业后将学区房转手他人。由于学区房的稳定增值,通过这样的交易行为,不仅可以获得优质的教育资源,还可以获得不少额外收益。因此,这样的做法在我国越来越流行，学区房逐渐成为房地产交易市场中的抢手货，进而导致学区房的价格不断飙升，教育资源的资本化效应也得以日益强化。

(3)城市的快速发展使得教育资源的供给侧问题日益突出，强化了教育资源资本化效应并催生了资本化效应的空间异质性

自新中国成立以来，杭州市经历了有目共睹的快速扩张。近年来，杭州逐步形成国际大都市化的城镇体系格局。随着城市的快速扩张，城市的人口承载力和吸纳力不断增加，吸引着全国各地越来越多的人民赴杭定居。与此同时，许多城市问题逐渐显现。有了人口，自然就有了各种生活需求，比如购房需求和教育需求。但是，近年来城市公共品配套的供给增速和暴涨的人口增速不匹配，缓慢的供给增速将越来越难以满足城市居民日益增长的生活需求，尤其是对于优质教育资源的需求。

近年来，杭州市的教育资源配置尽管在逐步强化，但其增速与急剧增长的人口相比所去甚远。名校教育集团新建分校总体较少，优质教育资源的供给更显缓慢。因此，在城市快速发展的背景下，教育资源的资本化效应随着时间推移进一步强化，与本书实证结果吻合。此外，虽然杭州市教育局一直推进名校集团化办学工程，致力于推动教育资源质量均衡发展，但实际上杭州市优质教育资源的空间分布仍然不均衡。快速增长的教育需求和优质教育资源的稀缺与空间配置不均匀加剧了人们以房择校的行为，进而导致教育资源资本化效应出现显著的空间异质性(本书第五章已揭示)。

(4)现行的教育制度在当下社会的适用性有待商榷，可能加强教育资源的资本化效应并引起不公平的择校行为，造成资本化效应的社会异质性

我国就近入学的学区制度早在 1980 年被提出，在之后的几年里逐步完善落实，在 1986 年被写入《义务教育法》。作为我国的基本教育制度，它的初衷是为了促进教育资源的公平配置，保障适龄儿童的受教育权利，希望通过免试就近入学的方式，这一方面限制了居民的择校行为，保障公平的受教育机会；另一方面限制了学校通过考试分数招生，以减轻学生的学业负担，并避免了学校之间生源质量的不均衡和教学质量的明显差距。在学区制度刚提出的时候，我国仍然实行计划经济下的福利分房制度，房地产市场化水平较低。因此，这一政策在当时取得了一定的预期成效，学生按照学区有序入学，人们的择校意愿相对得到抑制。

然而，1998 年我国全面实施住房制度改革，福利分房制度宣告结束。伴随着房地产市场的高速发展、社会经济的腾飞以及城市的迅速扩张，目前的社会现状和人们的生活水平与 1980 年相比发生了天翻地覆的变化。但是，学区制度并未经历显著的变革与更新,与当前社会的适用度和匹配度有待商榷。目前,房地产业已经高度市场化,人们开始习惯于通过住房买卖改善居住环境。就近入学的学区制度看似限制了人们的择校行为,但实际上仅仅限制了一部分经济实力薄弱、社会阶层较低的人群的择校权利。相反,拥有这些资本的人群可以随意择校,通过以房择校的方式竞争理想的教育资源。这与学区制度的初衷相悖,不仅无法限制择校行为,反而人为地造成人们择校权利的不公平,加强了优质学校的资本化效应,引起了教育资源资本化效应的社会异质性(本书第六章已揭示)。长此以往,可能会损害全民的公平受教育权利,进一步加剧了社会阶层的板结固化,同时带来了难以调解的社会矛盾。

此外,在这些年政策的实施过程当中,就近入学政策的定位逐渐模糊。刘国华(2019)指出,1986 年的《义务教育法》中关于就近入学政策促进教育公平的逻辑较为清晰,即基于教育资源的均衡配置与发展,然后通过实行就近入学的学区制度,最终保障全社会的公平受教育权利,但对比 1986 年和 2006 年的《义务教育法》发现,关于政策实施的逻辑和说明变得模糊,只强调就近入学,说明对于就近入学的定义慢慢从促进教育公平的一种手段,转变成为目标,这导致近年来学区制度的成效渐微。虽然这些年政府有关部门严格推行学区制度,但教育资源的供给动力和质量发展相对不足,使得目前杭州市和中国大部分城市仍然存在教育资源配置不足、不均衡等问题。由此可见,现行的学区制度是否能真正实现教育公平及其在当下社会的适用性值得深思。

(5)社会的明显贫富分化阻碍了教育公平化目标的实现,进一步激化了教育资源资本化效应的社会异质性

在改革开放初期,为了拉动经济,中国大陆鼓励一部分人、一部分地区先富起来,以先富带动后富。虽然经济得以快速发展,但遗憾的是这个政策未被完全落实,共同富裕并未实现,这导致近 20 年来中国社会明显地从平均主义向极端的贫富分化转变。国家统计局公布的中国基尼指数显示,1981 年中国的基尼指数为0.281,而在 2000 年达到了 0.409,2003—2012 年基本维持在 0.473 和 0.491 之间;2014—2016 年,中国的基尼指数分别为 0.469、0.462 和 0.465。一般而言,基尼指数位于 0.3～0.4 区间时较为合理,位于 0.4～0.5 区间时则意味着贫富差距过大,而当大于 0.5 时就表示差距悬殊。中国的贫富差距已经越过了基尼指数0.4警戒线,并逼近 0.5 高压线,由此可见,我国的贫富差距急剧增大。

由于我国义务教育阶段的小学和初中实行就近入学的学区制度,高收入人群十分重视孩子的教育投入,相比于低收入群体,他们更有意愿、也更有经济实力为了孩子能接受优质的义务教育而购买位于优质学区内的学区房。随着这一以房择校行为的流行,优质学区房的价格水涨船高。与此同时,中低收入的家庭越来越无法承受相对昂贵的学区房,更加难以获得优质的教育资源。在就近入学的学区制度约束下,急剧增大的社会贫富分化进一步催化了城市教育资源在社会维度上的异质性分配,导致教育资源的资本化效应表现出社会异质性(本书第六章已揭示),并可能引起受教育机会不公平的现象。优质的教育资源可以通过购买其学区内的高价学区房而获得,逐渐成为高收入人群的特权。由此推测,随着"贫者越贫、富者越富"的"马太效应"的加剧,教育资源公平合理分配的目标将愈发难以实现。

第三节 学术意义与应用价值

一、学术意义

城市教育资源的公平有效配置,既有助于城市发展与社会稳定,也是城市经济学和城市地理学关注的重点问题之一。本书在总结前人研究基础的前提下,定量研究了城市教育资源资本化效应的微观异质性影响,得出了一些有价值的结论。本书的理论意义如下。

(1)规范选择教育特征变量,构建了理想的特征变量体系

本书通过文献回顾梳理了衡量教育资源的常用方法,基于杭州市的情况,结合已有的数据基础,利用问卷调查等方法,采用共 7 个教育特征变量量化幼儿园、小学、初中、高中和大学。通过构建和对比含有不同教育特征变量组合的特征价格模型,发现利用质量衡量小学和初中比利用距离衡量更加有效,从而确定了合理的教育特征变量体系。在此基础上,控制大量潜在的影响住宅价格的因素,从建筑特征、区位特征和邻里特征三个方面构建了完善的特征变量体系,为实证模型的构建奠定了基础。

(2)改进传统的城市公共品和特征价格研究框架,利用综合的计量模型体系进行实证研究

国内大部分研究通常利用特征价格模型得到教育资源等城市公共品的平均资本化效应。本书从时间、空间和社会三个维度构建理论框架,进一步研究教育资源资本化效应的空间异质性和社会异质性,并探索其动态演变规律,拓展了现有的城市公共品研究框架;采用了包括特征价格模型、空间计量模型、地理加权模型、两阶段空间分位数回归模型在内的多种计量经济学方法,将地理信息系统作为分析工具,既控制了住宅价格的空间自相关性带来的影响,得到了准确无偏的估计结果,又有效揭示了教育资源资本化效应的多维度的异质性特点。本书的理论研究框架和计量模型体系有助于深化对中国城市公共品价值的认识和研究,为未来相关研究的开展提供了借鉴。

(3)利用微观大数据实证估计各阶段城市教育资源的资本化效应,并揭示其动态演变规律

本书收集了杭州市六个主城区 2007—2017 年长达 11 年的住宅交易大数据,通过构建一系列计量经济模型定量,估计了中国典型城市杭州市的幼儿园、小学、初中、高中和大学的隐含价值,揭示了居民对不同教育资源的偏好和支付意愿。本书借助翔实的数据进一步揭示了教育资源的资本化效应随着时间推移逐渐加强的动态演变规律,并系统分析了其外部驱动机制,提供了来自时间维度的新发现,有助于丰富和发展我国现有的城市公共品研究。

(4)通过实证研究揭示了教育资源资本化效应的空间异质性和社会异质性

本书提供了一种结合地理加权模型、地理信息系统和两阶段空间分位数回归模型研究城市教育资源对住宅价格的异质性影响及其动态演变机制的方法。利用这一方法,本书实证分析了各阶段教育资源资本化效应在不同研究区域存在明显的空间异质性分布规律,揭示了来自不同社会阶层的购房者对各阶段教育资源存在显著的异质性偏好,并分别展示了教育资源资本化效应的空间异质性和社会异质性分布的动态演变规律。本书的研究发现深化了现有研究对教育资源资本化效应的理解,有利于进一步挖掘城市公共品与住宅价格之间的关系,对未来政策的制定和相关研究的开展有着重要的理论意义。

二、应用价值

城市教育资源与居民的生活息息相关,同时也对城市发展与房地产市场起到重要作用,是政府关注的重点问题之一。本书的实证结果表明,城市居民对教育资源(尤其是小学和初中)的需求、重视程度与支付意愿日益增长。一方面,地理加权模型的回归结果进一步表明城市教育资源在空间上存在配置不均匀和质量发展不同步等问题。并且,本书从时间维度揭示了这种教育资源资本化效应的空间集聚作用日益显著,这说明在就近入学的学区制度下,购房者的择校意愿日渐加强,越来越愿意以高昂的价格购买集中于特定城市区域的学区房。这可能导致城市不同区域教育资源之间的差距越来越大,择校行为日益明显,进一步推高学区房的价格。这种恶性循环的形成既不利于教育资源的合理均衡配置，也可能为房地产市场的健康发展带来一定负面影响。另一方面，空间分位数模型的结果揭示，与低收入家庭相比，倾向于购买高价住宅的高收入家庭更加重视教育资源配置，尤其是初中教育。结合以上结果可见，在如今房地产高度市场化的背景下，原本旨在禁止择校、促进教育公平的就近入学政策导致作为城市公共品代表之一的教育资源的排他性和竞争性日益明显。本书的研究结果具有以下应用价值。

（1）为学区制度改革提供参考，有助于教育政策改革的稳步实施

本书的实证结果揭示，城市教育资源（尤其是小学和初中）表现出显著的资本化效应，并存在空间异质性和社会异质性，而这都与就近入学政策相关。因此，已经有 20 年历史的就近入学政策是否能真正实现教育均衡化与公平化值得深思。

1980 年提出的学区制度在当下社会的适用性，还有待商榷。笔者认为，这一历时已久的教育政策需要顺应时代的变化进行一些相应调整，以适应当下的社会情况。例如，可以考虑合并现有的一些优质学区与一般学区，组成大学区，这几个原本学区内的住宅所有者通过摇号等公开方式选择最终就读的学校。这将有助于缓解优质学校与特定住宅直接挂钩的现状，从而降低城市居民的择校行为，逐步促进生源的平均分配、教育质量的同步发展以及全社会的公平受教育机会。Mothorpe（2018）通过实证发现，学校分配的不确定性降低了学校质量的资本化，由此可见，这一改革将对控制高升的学区房价格起到一定作用。尽管政府在个别试点地区尝试实施这项改革政策，但未能取得理想的成效。这可能是因为目前所实施的改革方案仍不成熟，尚未形成一套科学完善的综合管理机制来协调如此庞大的学区，以确保这些学校能够协同运营和发展。并且，这样的改革政策可能会损害许多利益既得者的权益，所以难以得到快速、全面的落实。因此，政府在设计和颁布这类改革政策时，需要广泛听取民众的意见，从多个方面考虑，以确保教育改革的稳步实施。

（2）为教育资源的均衡发展战略提供依据，有助于进行针对性把控

实际上，解决上学难问题的根本途径是促进全市范围内教育资源的同步均衡发展，减少人们的择校需求，从而保障就近入学的学区制度取得预期效果。本书的实证结果为实现教育资源的均衡化发展提供了翔实的实证依据。地理加权模型的结果揭示，杭州市北部的小学资源明显薄弱，城市东部的初中资源较为薄弱，因此，杭州市政府可以考虑将新建教育资源和教育资源质量发展的重点投向这部分薄弱地区，以期实现全市范围内教育资源的协同发展。若在中国其他城市开展同类研究，将有利于在全国范围内对教育资源的均衡发展进行针对性把控。

Brunner 等(2011)研究发现,教育资源均等化将会带来住宅价值溢价的趋同。如果所有学校对于居民而言都同样友好,那么他们的择校意愿就会自然而然地降低,生源的平均分配将进一步促进教育资源的均衡发展,从而实现良性循环。

此外,还可借鉴国外相关先进经验。例如 20 世纪 70 年代,日本的中小学基本完成了"标准化建设",即按照相同的标准建造和装配了城市和乡村的所有学校,并在所有学校实行统一标准化的课程。因此,所有孩子都享有平等地接受良好教育的机会,择校在日本并不流行。我国政府可以在考虑中国的情况的同时效仿这一做法,加快教育设施的均等化规划和建设(特别是在目前相对薄弱地区),提高义务教育的总体质量,以确保全社会都有接受良好教育的平等权利。除了教育硬件之外,学校的师资力量是家长选择学校的另一个重要标准。例如,日本和韩国以良好的福利制度为基础,实施针对教师的定期调动制度。教师们在一所学校任教几年之后,可调动至附近的另一所学校。通过分享教师资源,进一步缩小了学校之间的差距。

总的来说,本书的实证结果揭示了教育资源的空间配置与发展存在着不可忽视的问题,为政府有关部门提供了实证依据。因此,有必要采取相应措施,缓解这些问题,以促进教育资源的合理均衡配置,从而确保全社会的公平受教育机会。当然,未来教育改革的方向和改革方案的实施目前还不成熟,仍需进行更加深入的研究与探索。

(3)为房地产税制改革提出新思路,可结合学区效应获得双赢

本书的实证结果显示,城市教育资源与住宅市场密切联系,教育资源表现出显著的资本化效应,能在较大程度上影响周边的住宅价格。因此,政府在征收房地产税时可以考虑学区效应,这将有助于在控制学区房价格的同时扩大教育资源的投入。当前,一些试点城市在征收房地产税时并未考虑住宅所属学区的学校质量,因此一些优质学区房的成本相对较低,人们的投机需求增加。运营优质公立学校的费用由所有居民平均分担,而拥有高质量学区的人们不必为此付出更多的资金。显然,社会公众和学校都没有从学区房的高昂成交价中获得任何收益,这是不合理的。因此,我国可借鉴美国等发达国家的经验,对位于重点学区内的住宅征收相对更高的房地产税,增收的该部分税金可用于当地学校的建设和发展,从而促进教育资源投入和产出的良性循环。该措施也将成为中国房地产税制度改革和教育改革相结合的一项突破。

(4)为购房者的购房决策和开发商的产品开发与定价提供借鉴

购买住房是所有城市居民较为重大的消费决策之一,受到区位因素、邻里因素等多重因素的影响。本书基于特征价格分析框架，在全面控制各个特征变量的基础上，着重分析教育资源对住宅价格的影响机制，有助于购房者特别是有小孩的家庭进行多方面考虑，判断目标房源中教育资源的溢价是否理性，从而做出科学决策，以免遭受不必要的损失。

目前，开发商主要采用市场比较法对目标项目进行对标定价。本书揭示了包括义务教育阶段的中小学在内的各阶段教育资源对住宅价格的影响及其空间和社会维度的分异性与演变规律，可以帮助开发商进一步了解教育资源配置在住宅产品开发过程中的作用，以及购房者对教育资源的不同偏好。本书的研究结论可以为开发商进行项目选址、定位和定价等提供思路，比如通过对住宅教育资源配置的投入或宣传，以实现最大化的收益。

第四节　研究不足和展望

本书的研究不足为未来研究指引了下一步的方向。

（1）进一步完善数据，争取用更多的客观变量来代替分级变量，特别是一系列的教育特征变量，以期得到更为准确的估计结果

许多西方研究采用了诸如考试成绩、升学率、辍学率、每位学生支出等产出或者投入指标来衡量教育质量，实证结论能更为直观地比较单位投入或产出指标的变动对住宅价格的影响。若能完善数据，未来的研究将可以得到更具可比性与科学性的结论。

（2）进一步探索私立小学和初中对住宅价格或公立学校资本化效应的影响

虽然本书的研究框架较为系统且紧密衔接，但仍未将私立学校的影响纳入研究框架。未来研究可单独探索私立学校是否对住宅价格存在的影响，是否可以通过生源分流对公立学校的资本化效应产生影响。这个研究方向较为可行，若可以得到启发性的结论，将为政府有关部门制定民办学校的政策导向提供借鉴，也有助于探索改善现存教育资源配置问题的新方法。

（3）进一步探索教育政策对教育资源资本化效应的影响

本书实证检验了教育资源资本化效应的动态演变及其空间和社会维度的异质性。未来可以深化研究教育相关政策倡导对住宅价格的影响，以检验政策的实施效果，比如研究杭州市教育局倡导集团化办学的作用。相关研究将有助于更深入地挖掘城市教育资源与住宅价格之间的互动关系和驱动机制。

附 录

附录 1 2011—2019 年教育资本化相关文献回顾

序号	文献	地区	数据	研究方法	函数形式	教育变量衡量方法	结论
1	Towe 等(2019)	美国马里兰州	2003—2014年大量住宅交易、重复交易数据	DN	对数线性	MSA考试成绩	学校质量资本化在整个住房市场上呈现出强烈周期的反周期趋势。在房市场的衰退期间，优质学校的资本化效应急剧增加，而顶级学校的资本化效应在繁荣和复苏时期下降
2	Koo 等(2019)	澳大利亚墨尔本	2014年1月—2017年6月住宅交易数据	DID	对数线性	后来指定的双语学校这一事件	双语学校所涉区域内房价上涨7.8%～8.7%，但在没有孩子的家庭的单位市场上，未发现明显的反应
3	Peng(2019)	中国台北	2013年15337条住宅交易数据	SH	线性	师生比(全职和兼职教师)	显著的师生比表明，低薪、经验不足且工作过度的兼职教师很难地对学校提供高质量的教学，这不可避免地对学校信誉造成伤害，使得潜在买家对周边物业估价的信心下降
4	Borge 等(2018)	挪威	2001—2006年307000条住宅交易数据	DN	对数线性	育儿覆盖率和质量	育儿覆盖率每增加10%(大约一个标准差)，房价会上升3%
5	Shah(2018)	英国布赖顿和霍夫	1995—2017年170000条住宅重复交易数据	FE;DID	对数线性	GCSE通过率	10%的GCSE通过率的提高引起2.38%的住宅价格上涨
6	Zhou(2018)	中国上海	344个小区的交易数据	DN	对数	公立小学质量打分法	相应公立小学质量每提高一级，社区的平均住房价格预计将在全市、城市和城市中分别增长3.1%、2.8%和1.9%

续表

序号	文献	地区	数据	研究方法	函数形式	教育变量衡量方法	结论
7	Yang等(2018)	中国厦门	2014年1250条住宅交易数据	DN	Box-Cox	住宅是否为学区房	优质学校显著影响住宅价格，学区房价平均比非学区房高出9.3%～12.3%
8	Harjunen等(2018)	芬兰赫尔辛基	2008—2012年宅交易数据	FE	对数线性	六年级的平均标准数学考试成绩比例的比例；特殊需求学生的比例	平均测试成绩每增加一个标准差会使价格提高3%，与英国和美国的调查结果相当
9	Huang(2018)	美国威斯康星州什科什市	2006年1月—2007年7月1075条住宅交易数据	分位数回归模型	线性	至小学、初中、高中的距离	小学、初中和高中距离对房屋价值具有重大影响，房屋距离学校越近，房屋价格就越高；至小学和至中学的距离比中学的距离更为重要
10	Orford(2018)	英格兰白金汉郡	2010—2015年50000条住宅交易数据	重复交易模型	对数线性	不同学校学区	语法男校比语法女校具有更高的溢价，语法学校比其他州立学校具有更高的溢价
11	Turnbull等(2018)	美国佛罗里达州	2001—2012年127120条住宅交易数据	DN	对数线性	标准数学考试成绩；数学考试中达到3级及以上学生比例；入学率；教师比；接受免费午餐学生的比例	更高的学校质量会提高住房价格并降低住房价格风险并加剧梯度，而质量平坦化效应趋于增强。在高收入社区中，所有资本化效应趋于增强
12	Mothorpe(2018)	美国佐治亚州迪卡尔布县	2003—2012年22604条住宅交易数据	FE	线性	三年级数学CRCT；ITBS通过人数；英语学习人数；免费午餐计划；招生总数	学校分配的不确定性降低了学校质量的资本化。居民对未来学校质量的期望是影响学校资本化程度的重要因素，建议未来研究应考虑影响人们对学校质量期望的因素

续表

序号	文献	地区	数据	研究方法	函数形式	教育变量衡量方法	结论
13	Beracha 等(2018)	美国佛罗里达州	2008—2013年MLS住宅市场数据	FE	对数	小学、初中、高中学校平均成绩；小学、初中、高中数量	高质量学校提高住宅价格和租金溢价。这一溢价随着市场的价格溢价超过了支付的租房费，住房市场条件，使用学校服务的可能性，住房产是否在城市或郊区以及在交易中所观察到的学校质量不同而有不同
14	Zhang 等(2017)	中国上海	搜房、中原网站数据	局部均衡模型(效用函数)	—	学校排名（虽然在2005年废除）	优质学校相关社区租金收益率比普通学校相关社区租金收益率高0.1%~0.4%，但进入优质学校的机会成本大约是9万~10万元，是许多人负担起的价格
15	Yi 等(2017)	韩国首尔	2010年城镇层面数据(396个样本)	IV；空间联立方程模型	对数	小学生三门科目成绩平均以上数占人数以下人数的比例	小学质量与住宅价格和人口密度入流正相关。学校表现每提高一个单位，住宅价格上升1.355%。住宅价格的升高会抑制居民选择优质学区的住宅
16	Livy (2017)	美国富兰克林	2000—2012年重复交易数据；16094对数据	FE	对数线性	俄亥俄州学校质量指数	学校质量与住宅价格的关系在2000—2012年有显著差异。在2007—2012年住宅市场衰退时期（考试成绩）显著推高住宅价格。然而，在住宅市场繁荣时期，教育质量与住宅价格没有显著表示的联系
17	He (2017)	美国橘县	2001年(29135条)和2011年(18622条)的截面数据	分层模型	对数	小学学术表现指数(API)；每人花费；学生教师比；至学校的距离	平均来说，API增长10%，房价分别上涨1.9%(2001)和3.4%(2011)。相隔十年，样本中学校质量的一个标准偏差增加了相似的住宅价格，分别是2001年的2.7%和2011年的2.6%。此外，在这两年间，学校对住宅价格的影响存在显著的空间异质性

续表

序号	文献	地区	数据	研究方法	函数形式	教育变量衡量方法	结论
18	Legower 等(2017)	美国匹兹堡	2012年截面数据	FE	对数	许诺奖学金	奖学金显著提高7%~12%的住宅价格
19	Mathur(2017)	美国菲蒙市	2012年4月—2014年3月的938条住宅宽带分子集数据，按距离宽带两边（学区两边）	FE;SH	线性	API分数（z score）；学区教师比	每增加一个标准差的小学、中学和高中的质量，住宅价格显著提高20%
20	Collins 等(2017)	美国孟菲斯	2000—2015年成交价格在10000美元以上的住宅数据	FE;DID	对数线性	在学区边界变化之前TCAP成绩优异的学生比例	每增加一个标准差的学校质量，住房价格约提高3%；保持小学质量不变，住宅区历经市政改划为市区后5%~7%价格上升
21	Wen 等(2017b)	中国杭州	2011年6月—2013年5月，660个住宅小区数据	DN;DID	对数	小学、初中的质量	基础教育资源质量在周边房价中占了重要比重，中小学具有显著的学区效应；"择校"政策强化了学区效应
22	Gabriel 等(2016)	美国洛杉矶	2000年1月—2013年12月住宅成交数据	FE	对数线性	加利福尼亚州教育局颁布的API；学生教师比；每人支出	学校质量的资本化与住宅市场的发展相比是反周期的。虽然好学校在各时期都存在种溢价，但这种溢价在萧条时期会增加
23	Hussain(2016)	英国	2006—2008年前后学校数据和住宅数据	DID	对数线性	学校考察的结果	学校等级变化对住宅价格以及家长的择校决定有显著的影响
24	Imberman 等(2016)	美国洛杉矶	2009年4月—2011年3月397条住宅交易数据	DID	对数线性	2011年4月洛杉矶时报学校增值数据和2010年8月教师增值数据（小学）	学校或教师增值数据对住宅价格没有影响，即使边界固定效应的估计表明，考试成绩水平已资本化人住宅价格中

续表

序号	文献	地区	数据	研究方法	函数形式	教育变量衡量方法	结论
25	Agarwal 等 (2016)	新加坡	1998—2011 年 135788 条住宅交易数据,46655 个私人交易,89133 个公开交易	DID	对数线性	至新/旧学区的距离;虚拟变量:是否在旧学校 1km 或 2km 范围内	在学校搬迁消息出来前 6 个月,老学区 1km 内和 1~2km 的住宅价格下降 2.9% 和 6.0%;在消息出来前 12 个月,这两个区域的住宅价格分别下降 5.5% 和 6.9%;学校搬迁给 1km 内的住宅价格带来 0.7%~1.4% 的下降,且搬迁效应对一手房市场的影响大于二手房市场,而优质学校的影响更大
26	Thompson (2016)	美国俄亥俄州	2013 年 1190515 条住宅数据	DID	对数	所属学区被标记情况	有财政压力标签后,住宅价格下降;而当标签被取消时,住宅价格又重新上升
27	Bender 等 (2016)	美国圣路易斯	访谈和文字总结	—			应寻找有效政策和措施提高租房者寻找保障附带理想学区的住房的能力
28	Sah 等 (2016)	美国圣迭戈县	2010—2011 年 20786 条住宅交易数据	DN	对数线性	加利福尼亚州基本学术表现指数(API)	证实了公立小学的"学校接近负向性"。圣迭戈县的购房者认为学校的邻近性是一个净负值。在将样本区域划分为沿海和内陆地区时,内陆地区的公立学校表现出接近溢价,而沿海地区的结果显示出非常强的"接近负向"效应
29	Zheng 等 (2016)	中国北京	113 对数据,226 个在重点学区内外的住宅小区;2011 年	FE	线型	是否在重点学区内,至重点学校的直线距离	重点学区内的住宅每平方米比以外的住宅高出 2266 元/平方米
30	Swope (2016)	美国	2000—2009 年根据美国住宅调查得到的 46377 条住宅样本数据	DN	对数	优质学校虚拟变量	优质学校的追求可能对房地产泡沫的扩张起到了显著的作用

续表

序号	文献	地区	数据	研究方法	函数形式	教育变量衡量方法	结论
31	La (2015)	美国波士顿	2009—2013年20674条面板数据	FE	对数线性	四年级学生的MCAS成绩	家长愿意为一个标准差的成绩提升多支付高达4%的住宅价格去购买附近的学区房;有孩子的家庭支付意愿更强;而其对各额满意的学区房的支付意愿相对较低
32	Jayantha等(2015)	中国香港	2010年1月1日—2014年12月31日两个地区8或9个住宅小区3325或3480条交易数据	DN	对数	是否位于优质初中范围	学校质量对房价有显著影响。潜在买家愿为顶级学校网络中的住房单元支付27%~39%的大幅溢价。学校质量对房价的资本化程度因地而异。购房者对学校质量等变量的重视程度高于年龄、楼层以及交通和购物方便性等因素
33	Chung (2015)	韩国首尔	2003—2006年面板数据;640个小区	FE;DID	对数线性	首尔大学考入率	与低质量学区的房价相比,高质量学区的房价高了10%~27%。此外,经过改革后,与低绩效学区的人更有可能向其他社区迁移
34	Gingrich等(2014)	英国	1996—2012年	—	其他	考试成绩	房价较高的地区的学校有较高的学习成绩
35	Horn等(2014)	美国329个大都会	超过100万家庭	以学校特征为因变量的回归模型	其他	考试成绩;贫困情况;人种比例;学校资源	租房补贴家庭附近学校的学生表现不如其他没有住房补贴的贫困家庭附近的学校

续表

序号	文献	地区	数据	研究方法	函数形式	教育变量衡量方法	结论
36	Hansen(2014)	英国	2001—2002年19000个孩子的MCS1调查数据	DN	对数	考试成绩	家长（特别是受过高等教育的家长）在孩子达到适学年龄前就搬家，以确保孩子更好的受教育机会，并愿意为优质学校支付更多费用
37	Wen等(2014b)	中国杭州	2012年杭州市660个住宅小区的交易数据	SH（空间误差模型和空间滞后模型）	对数	幼儿园数量；小学距离；小学质量等级；初中距离；初中质量等级；高中数量；邻近高中；邻近重点高中；大学数量；邻近大学；邻近重点大学	教育设施对房价有正向的资本化作用。小学和初中具有显著的学区效应。当小学和初中的教育质量提高时，该学区房价分别上涨2.020%和5.443%。幼儿园，高中和大学通过可达性改善了周边住房价格。在社区1km范围内每增加一所幼儿园可以促进0.300%的房价；住宅1km范围内有高中或大学时，房价上涨2.737%或0.904%
38	Liebowitz等(2014)	美国夏洛特市	1999—2009年的学生记录	麦克法登条件选择模型（McFadden Conditional Choice Model）	一	学生种族构成；考试成绩；课程率等	对于那些搬家的人来说，废除校车制度使得在夏洛克伦堡学校中的有孩子的白人家庭比在他们的废除种族隔离时更有可能搬到人居民较多的地区
39	Gibbons等(2013)	英国	2000—2006年地政局提供的住房市场数据	FE	对数线性	7～11岁增值信息；7岁和11岁学生的英语和数学成绩，学校数量、学校距离	学校增值和学生先前的成就（与儿童的学习背景相关）影响家庭对教育的需求

续表

序号	文献	地区	数据	研究方法	函数形式	教育变量衡量方法	结论
40	Carrillo 等(2013)	美国弗吉尼亚费尔法克斯县	2001年1月—2002年12月和2006年1月—2007年6月MLS住宅数据	线性概率模型	—	七年级学生平均阅读和数学考试通过率	有优质学区的住宅的卖家更有可能提供学校信息,而在控制了学校质量之后,信息披露似乎并不影响房价。综合起来,学校质量资本化对住宅市场有重要作用
41	Ferrari 等(2013)	英国谢菲尔德	2009年41642个小学和31188个初中的学校普查数据	DN	线性	2008—2009年达到英语和数学国际课程等级四的学生数量百分比	学校表现和房价正相关,并且孩子上的实际学校与价格之间的关系比上最近学校的关系更加显著。考虑到最富近的学校资源的较近更加显著。考虑到最富学校的居民更愿意为房价增值付高优质学校,这一结果证明了房价增值与优质学校相关的较近。这一影响在初中更明显。房价越高,这里的学生越愿意走路或骑车去最近的学校上学
42	Feng 等(2013)	中国上海	2003年4月—2007年4月的52个居住区月度每平方米均价数据	DID;FE	对数线性	每个居住区内重点高中、一级实验高中、二级实验高中每平方公里的数量	每平方公里新增一个试验示范高中会提高17.1%的住宅价格,如果一个本不是示范高中的学校被新提名为示范高中,住宅价格会升高6.9%
43	Bae 等(2013)	韩国首尔	2001年1000个家庭的住宅市场调查数据	DN;IV	对数线性	每1000个毕业生中考入首尔大学的人数	学校质量显著提高住宅价格,多一位考入首尔大学的人并且住宅价格上升1.73%。并且学校质量的隐含价格,家庭收入以及家长的教育需求是决定住宅需求的重要因素
44	Dhar 等(2012)	美国康涅狄格州	重复住宅交易数据	FE	对数线性	八年级学生数学考试成绩三年移动平均线	利用学校区边界和重复住宅交易数据发现考试成绩对住宅价格有显著作用,这一作用显著小于传统固定边界模型和传统OLS模型的结果

续表

序号	文献	地区	数据	研究方法	函数形式	教育变量衡量方法	结论
45	Banzhaf等(2012)	美国洛杉矶	1991年1月1日—2001年5月31日的78000条住宅交易数据	DID	对数线性	住宅是否位于学区改革区域内(虚拟变量);新闻报道频率	学区改革区域的房价比控制区高2%~3%,证实了家庭重视学区拆分,并且在富有地区这一增值效应更加显著
46	Brunner等(2012)	美国推出学区内择校政策的12个州	2000年1700多个学区的学生流动数据	IV;2SLS;TSIV	—	工具变量:连续学区的数量(学区内);学区同基础人口统计数据的差异	在政府出台学区内择校政策后,有优质学校的地区的住宅价格,居民收入和人口密度都显著上升
47	Hahn等(2012)	韩国首尔,城南,高阳	1999—2007年月度住宅交易数据	DID	线性	虚拟变量(是否处于优质学区)	以2000年韩国高中入学政策的改革为实验对象,发现优质学校显著提升住宅价格和租金
48	Brasington等(2012)	美国俄亥俄州	1240人的采访数据	DN	线性	12年级的水平测试合格百分比;被调查者对所属学校的主观打分	当所属公立学区质量被认为较好时,居民不支持学校选择;当最近的私立学校不支持学校时,居民更支持学校选择
49	Brunner等(2011)	美国加利福尼亚州	1975,1980,1985,1990年洛杉矶住宅交易数据	DN;FE	对数线性	每学生支出;六年级数学和阅读成绩	25年来,教育改革引起的每个学生支出的变化被资本化人住宅价值中,资源均等化导致住房价值溢价的趋同,并且学区房价格的趋同是学区质量下降的结果

IV—工具变量法;FE—固定效应法;SH—空间计量法;DN—传统特征价格模型。

附录2 2007—2017 年样本的描述性统计

附表 2.1　2007—2017 年样本的描述性统计

参数	2007 年				2008 年				2009 年			
	极小值	极大值	均值	标准差	极小值	极大值	均值	标准差	极小值	极大值	均值	标准差
小区均价	6315	25081	10270	2363	7488	30475	12803	3355	9145	32967	15294	3683
幼儿园数量	0	28	11.87	5.11	0	28	11.76	5.15	0	28	11.72	5.15
小学质量	1	3	1.67	0.84	1	3	1.68	0.84	1	3	1.68	0.84
初中质量	1	3	1.83	0.73	1	3	1.84	0.74	1	3	1.84	0.74
小学距离	0.05	3.10	0.46	0.42	0.05	3.10	0.46	0.39	0.05	3.10	0.47	0.42
初中距离	0.05	3.33	1.03	0.70	0.05	3.33	1.03	0.70	0.05	3.33	1.03	0.70
邻近高中	0	1	0.56	0.50	0	1	0.55	0.50	0	1	0.55	0.50
邻近大学	0	1	0.68	0.47	0	1	0.68	0.47	0	1	0.68	0.47
房龄	1	30	10.95	6.65	2	31	11.77	6.74	3	32	12.67	6.74
武林广场距离	0.60	9.40	3.87	1.89	0.60	9.77	3.91	1.94	0.60	9.77	3.94	1.96
西湖距离	0.16	9.52	3.70	1.61	0.16	9.52	3.71	1.63	0.16	9.52	3.72	1.63
钱江新城距离	0.72	15.16	7.37	3.31	0.72	15.16	7.45	3.32	0.72	15.16	7.44	3.32
地铁距离												
公交线路	1	24	8.34	4.46	1	24	8.28	4.47	1	24	8.20	4.49
小区环境	1	5	3.36	0.99	1	5	3.37	0.99	1	5	3.39	0.99
生活配套	2	5	4.45	0.72	2	5	4.45	0.71	2	5	4.44	0.73
运动设施	0	4	1.32	0.91	0	4	1.35	0.93	0	4	1.35	0.93
物业管理	1	5	3.20	1.14	1	5	3.21	1.14	1	5	3.22	1.14
垃圾转运站距离	0.08	12.77	4.96	2.74	0.08	12.77	4.98	2.77	0.08	12.77	4.97	2.75
公园距离	0.06	2.84	0.75	0.47	0.06	2.84	0.76	0.49	0.06	2.84	0.76	0.49
邻近河流	0	1	0.32	0.47	0	1	0.32	0.47	0	1	0.32	0.47
邻近湖泊	0	1	0.03	0.17	0	1	0.03	0.18	0	1	0.03	0.18
邻近山景	0	1	0.08	0.27	0	1	0.08	0.27	0	1	0.08	0.27
N	286				291				295			

续表

参数	2010 年				2011 年				2012 年			
	极小值	极大值	均值	标准差	极小值	极大值	均值	标准差	极小值	极大值	均值	标准差
小区均价	7990	37986	20846	4275	10201	47081	22691	4979	9397	39231	21291	4783
幼儿园数量	0	28	11.30	5.34	0	27	10.64	5.49	0	28	10.63	5.47
小学质量	1	3	1.69	0.82	1	3	1.63	0.81	1	3	1.64	0.81
初中质量	1	3	1.80	0.74	1	3	1.76	0.78	1	3	1.76	0.78
小学距离	0.05	3.10	0.48	0.42	0.01	3.10	0.49	0.41	0.01	3.10	0.50	0.42
初中距离	0.05	3.33	1.09	0.77	0.05	3.32	1.06	0.79	0.05	3.32	1.05	0.78
邻近高中	0	1	0.53	0.50	0	1	0.53	0.50	0	1	0.55	0.50
邻近大学	0	1	0.66	0.48	0	1	0.61	0.49	0	1	0.60	0.49
房龄	4	33	13.26	6.79	2	34	13.39	7.05	3	35	14.29	6.97
武林广场距离	0.60	10.68	4.19	2.22	0.35	12.79	4.55	2.67	0.35	12.79	4.54	2.64
西湖距离	0.16	9.52	3.78	1.62	0.30	13.10	4.02	2.21	0.30	13.10	4.00	2.20
钱江新城距离	0.72	15.16	7.45	3.26	1.04	16.46	7.31	3.38	1.04	16.46	7.24	3.38
地铁距离												
公交线路	1	24	7.83	4.66	2	74	32.10	15.06	2	74	31.94	15.07
小区环境	1	5	3.46	1.02	1	5	3.19	0.95	1	5	3.20	0.95
生活配套	2	5	4.34	0.85	0	5	4.25	1.15	0	5	4.25	1.13
运动设施	0	4	1.38	0.93	0	7	1.82	1.69	0	7	1.79	1.67
物业管理	1	5	3.30	1.16	1	5	2.48	1.26	1	5	2.50	1.26
垃圾转运站距离	0.08	12.77	5.01	2.77	0.08	13.22	4.96	2.96	0.08	13.22	4.92	2.91
公园距离	0.06	3.49	0.81	0.55	0.06	4.15	0.86	0.63	0.06	4.15	0.85	0.62
邻近河流	0	1	0.31	0.46	0	1	0.27	0.44	0	1	0.27	0.44
邻近湖泊	0	1	0.03	0.18	0	1	0.02	0.15	0	1	0.02	0.15
邻近山景	0	1	0.07	0.26	0	1	0.07	0.26	0	1	0.08	0.27
N	312				490				508			

续表

参数	2013年				2014年				2015年			
	极小值	极大值	均值	标准差	极小值	极大值	均值	标准差	极小值	极大值	均值	标准差
小区均价	12210	41908	22287	4869	11652	40296	20866	4889	11011	40361	20498	4917
幼儿园数量	0	28	10.67	5.46	0	28	10.63	5.49	0	28	10.60	5.44
小学质量	1	3	1.64	0.81	1	3	1.65	0.81	1	3	1.63	0.81
初中质量	1	3	1.77	0.78	1	3	1.76	0.78	1	3	1.75	0.77
小学距离	0.01	3.10	0.50	0.41	0.01	3.10	0.50	0.42	0.01	3.10	0.50	0.42
初中距离	0.05	3.32	1.05	0.78	0.05	3.32	1.06	0.78	0.05	3.32	1.05	0.78
邻近高中	0	1	0.54	0.50	0	1	0.54	0.50	0	1	0.54	0.50
邻近大学	0	1	0.60	0.49	0	1	0.60	0.49	0	1	0.60	0.49
房龄	4	36	15.40	6.98	5	37	16.31	7.02	6	38	17.23	6.95
武林广场距离	0.35	12.79	4.53	2.66	0.35	12.79	4.56	2.66	0.35	12.79	4.56	2.66
西湖距离	0.30	13.10	4.00	2.20	0.30	13.10	4.01	2.21	0.30	13.10	4.02	2.19
钱江新城距离	1.04	16.46	7.26	3.39	1.04	16.46	7.25	3.41	1.04	16.46	7.23	3.39
地铁距离	0.10	16.53	6.13	3.77	0.10	16.53	6.10	3.80	0.10	15.98	1.43	1.92
公交线路	2	74	32.07	15.05	2	74	31.94	15.20	2	74	31.93	15.13
小区环境	1	5	3.19	0.94	1	5	3.20	0.94	1	5	3.21	0.94
生活配套	0	5	4.27	1.12	0	5	4.25	1.14	0	5	4.25	1.14
运动设施	0	7	1.79	1.67	0	7	1.80	1.68	0	7	1.80	1.68
物业管理	1	5	2.50	1.25	1	5	2.50	1.26	1	5	2.51	1.26
垃圾转运站距离	0.08	13.22	4.92	2.92	0.08	13.22	4.93	2.94	0.08	13.22	4.92	2.92
公园距离	0.06	4.15	0.85	0.62	0.06	4.15	0.86	0.62	0.06	4.15	0.85	0.62
邻近河流	0	1	0.26	0.44	0	1	0.26	0.44	0	1	0.26	0.44
邻近湖泊	0	1	0.02	0.15	0	1	0.02	0.15	0	1	0.02	0.15
邻近山景	0	1	0.08	0.27	0	1	0.08	0.27	0	1	0.08	0.26
N			508				507				505	

续表

参数	2016 年				2017 年			
	极小值	极大值	均值	标准差	极小值	极大值	均值	标准差
小区均价	12817	49640	24152	5924	14195	63858	28949	8099
幼儿园数量	0	27	10.54	5.46	0	28	10.60	5.47
小学质量	1	3	1.66	0.81	1	3	1.65	0.81
初中质量	1	3	1.74	0.76	1	3	1.76	0.77
小学距离	0.01	3.10	0.50	0.42	0.04	3.10	0.49	0.41
初中距离	0.05	3.32	1.07	0.80	0.05	3.32	1.06	0.78
邻近高中	0	1	0.52	0.50	0	1	0.53	0.50
邻近大学	0	1	0.62	0.49	0	1	0.60	0.49
房龄	7	39	18.26	6.86	8	40	19.15	6.89
武林广场距离	0.35	12.79	4.62	2.59	0.35	12.79	4.56	2.67
西湖距离	0.30	13.10	4.10	2.20	0.53	13.10	4.03	2.17
钱江新城距离	1.04	16.46	7.50	3.42	1.04	16.46	7.31	3.35
地铁距离	0.10	15.98	1.44	1.94	0.10	6.90	1.13	1.09
公交线路	2	70	31.17	14.45	2	70	31.64	14.80
小区环境	1	5	3.19	0.96	1	5	3.21	0.95
生活配套	0	5	4.23	1.16	0	5	2.61	1.14
运动设施	0	7	1.87	1.72	0	7	1.87	1.64
物业管理	1	5	2.51	1.26	1	5	2.54	1.27
垃圾转运站距离	0.08	13.22	5.11	2.91	0.08	13.22	4.98	2.88
公园距离	0.06	4.15	0.87	0.63	0.06	4.15	0.86	0.62
邻近河流	0	1	0.26	0.44	0	1	0.27	0.44
邻近湖泊	0	1	0.02	0.15	0	1	0.02	0.15
邻近山景	0	1	0.08	0.28	0	1	0.07	0.26
N	450				474			

参考文献

白星雨,魏雅慧,2017.对北京市教育资源资本化现象的研究——基于东城区微观数据的计量分析[J].中国市场(20):78-82.

陈玲芬,2013.城区学区房需求现状调查:以浙江省海宁市为例[J].江苏商论(11):20-24.

陈强,2014.高级计量经济学及STATA应用[J].高等教育出版社.

陈珧,刘师竹,2010.大学对周边住宅价格影响研究——以浙江大学紫金港校区为例[J].浙江海洋学院学报(人文科学版),27(3):148-151.

褚露虹,2018.城市空间结构对住宅价格影响的时空效应[D].杭州:浙江大学.

崔文君,贾士军,常淮,等,2019.基于边界固定效应法研究学区房溢价——以广州市为例[J].工程管理学报,33(3):143-147.

哈巍,吴红斌,余韧哲,2015.学区房溢价新探——基于北京市城六区重复截面数据的实证分析[J].教育与经济(5):3-10.

何晓燕,2018.公办小学教育质量对住宅的溢价效应研究[D].南京:南京财经大学.

洪世键,周玉,2016.基于特征价格法的学区房价格外溢效应探讨——以厦门岛为例[J].建筑经济,37(2):65-69.

洪永淼,2011.高级计量经济学[M].北京:高等教育出版社.

胡婉旸,郑思齐,王锐,2014.学区房的溢价究竟有多大:利用"租买不同权"和配对回归的实证估计[J].经济学(季刊),13(3):1195-1214.

贾生华,温海珍,2004.房地产特征价格模型的理论发展及其应用[J].外国经济与管理(5):42-49.

况伟大,2010.房地产与中国宏观经济[M].北京:中国经济出版社.

刘国华,2019."就近入学"政策的认识误区及未来走向[J].教学与管理,763(6):30-32.

刘洪玉,张红,2006.房地产业与社会经济[M].北京:清华大学出版社.

刘洪玉,郑思齐,2007.城市与房地产经济学[M].北京:中国建筑工业出版社.

刘润秋,孙潇雅,2015.教育质量"资本化"对住房价格的影响——基于成都市武侯区小学学区房的实证分析[J].财经科学(8):91-99.

刘硕,周可阳,2019.学区房消费与新中产阶层的内部分化——基于绍兴市新中产阶层的访谈研究[J].社会发展研究,6(4),76-95.

罗玉波,2009.分位数回归模型及其应用[M].北京:知识产权出版社.

毛丰付，罗刚飞，潘加顺，2014. 优质教育资源对杭州学区房价格影响研究[J]. 城市与环境研究，1(2):53-64.

沈体雁，冯等田，孙铁山，2010. 空间计量经济学[M]. 北京：北京大学出版社.

石忆邵，郭惠宁，2009. 上海南站对住宅价格影响的时空效应分析[J]. 地理学报，64(2):167-176.

石忆邵，王伊婷，2014. 上海市学区房价格的影响机制[J]. 中国土地科学，28(12):47-55.

石忆邵，张蕊，2010. 大型公园绿地对住宅价格的时空影响效应——以上海市黄兴公园绿地为例[J]. 地理研究，29(3):510-520.

孙斌艺，2008. 住宅市场的微观结构：关于教育因素对上海住宅价格影响的计量经济分析[J]. 财贸经济(9):114-118.

王振坡，梅林，王丽艳，2014. 基础教育资源资本化及均衡布局对策研究：以天津为例[J]. 现代财经(天津财经大学学报)，34(7):94-104.

温海珍，贾生华，2004. 住宅的特征与特征的价格——基于特征价格模型的分析[J]. 浙江大学学报(工学版)，38(10):1338-1342.

温海珍，贾生华，2006. 市场细分与城市住宅特征价格分析[J]. 浙江大学学报(人文社会科学版)，36(2):155.

温海珍，杨尚，秦中伏，2013. 城市教育配套对住宅价格的影响：基于公共品资本化视角的实证分析[J]. 中国土地科学，27(1):34-40.

温海珍，张之礼，张凌，2011. 基于空间计量模型的住宅价格空间效应实证分析：以杭州市为例[J]. 系统工程理论与实践，31(9):1661-1667.

徐生钰，陈菲娅，2018. 基础教育资源资本化对房价的影响——基于南京市鼓楼区数据的分析[J]. 中国名城，201(6):41-47.

杨尚，2013. 城市教育配套对住宅价格的影响研究[D]. 杭州：浙江大学.

杨雯婷，刘冰玉，王丽，2012. 经济学视角下学区房供需因素分析及其对策[J]. 财会研究(16):71-73.

杨振刚，宋珊珊，郭舰，2010. 小学教学质量对住房价格影响的研究[J]. 财经界：学术版(24):119-121.

于涛，于静静，2017. "就近入学"下的住宅价格分析——学区房中的教育资本化问题[J]. 中国房地产，563(6):5-15.

张红，马进军，朱宏亮，2007. 城市轨道交通对沿线住宅项目价格的影响[J]. 北京交通大学学报，31(3):10-13.

张骥，2017. 学区房溢价的再估计：以北京市为例[J]. 经济问题探索(8):57-63.

张杰，2010. 上海市浦东新区房地产的学区经济价值分析[J]. 科学与财富(4):77-78.

张珂，张立新，朱道林，2018. 城市基础教育资源对住宅价格的影响——以北京市海淀区为例[J]. 教育与经济，34(1):27-34.

张雅淋，赵强，2017. 基于配对回归的学区房溢价研究——以南京市主城区为例[J]. 教育经济评论，2(5):94-115.

张燕，2016. 城市住宅价格与土地价格的微观互动关系——以杭州市为例[D]. 杭州：浙江大学.

赵洁，2018. 学区特征对存量住宅价格的影响及空间异质性研究——以深圳为例[D]. 深圳：深圳大学.

赵旭,2015.基于特征价格模型的学区房价值评估方法研究[D].昆明:云南财经大学.

郑捷奋,刘洪玉,2005.深圳地铁建设对站点周边住宅价值的影响[J].铁道学报,27(5):11-18.

郑磊,王思檬,2014.学校选择、教育服务资本化与居住区分割——对"就近入学"政策的一种反思[J].教育与经济(6):25-32.

周黎安,陈烨,2005.中国农村税费改革的政策效果:基于双重差分模型的估计[J].经济研究(8):44-53.

周业安,王一子,2015.教育资源、教育政策对城市居住用地价格的影响——基于北京市土地市场的数据分析[J].中国人民大学学报,29(5):79-89.

Agarwal S, Rengarajan S, Sing T F, et al., 2016. School allocation rules and housing prices: A quasi-experiment with school relocation events in Singapore[J]. Regional Science & Urban Economics,58(2):42-56.

Anderson S T, West S E., 2006. Open space, residential property values, and spatial context[J]. Regional Science & Urban Economics,36(6):773-789.

Anselin L, 1988. Spatial Econometrics: Methods and models[M]. Dordrecht: Springer Science Business Media Dordrecht.

Anselin L, 2001. Spatial econometrics[M]//Anselin L. A Companion to Theoretical Economics. Oxford: Blackwell Publishing Ltd.:310-330.

Anselin L, 2002. Spatial externalities and spatial econometrics[J]. International Regional Science Review,26(2):153-166.

Anselin L, 2004. Exploring Spatial Data with GeoDa™: A Workbook[Z]. University of Illinois Urbana-Champaign, Urbana, IL.

Anselin L, Bera A K, Florax R, et al., 1996. Simple diagnostic tests for spatial dependence[J]. Regional Science & Urban Economics,26(1):77-104.

Arias O, Hallock K F, Sosa-Escudero W, 2001. Individual heterogeneity in the returns to schooling: Instrumental variables quantile regression using twins data[J]. Empirical Economics,26:7-40.

Bae H, Chung I H, 2013. Impact of school quality on house prices and estimation of parental demand for good schools in Korea[J]. KEDI Journal of Educational Policy,10(1):43-61.

Banzhaf H S, Bhalla G, 2012. Do households prefer small school districts? A natural experiment[J]. Southern Economic Journal,78(3):819-841.

Barroda I, Roberts F D K, 1974. Solution of an overdetermined system of equations in the L1 norm[J]. Communications of the ACM,17(6):319-320.

Basmann R L, 1957. A generalized classical method of linear estimation of coefficients in a structural equation[J]. Econometrica,25:77-83.

Bassett G W, Koenker R W, 1986. Strong consistency of regression quantiles and related empirical processes[J]. Econometric Theory,2(2):191-201.

Basu S, Thibodeau T G, 1998. Analysis of spatial autocorrelation in house prices[J]. Journal of Real Estate Finance & Economics,17(1):61-85.

Bayer P，Ferreira F，McMillan R，2007. A unified framework for measuring preferences for schools and neighborhoods[J]. Social Science Electronic Publishing，115(4)：588-638.

Bender A，Metzger M，Murugan V，et al. ，2016. Housing choices as school choices：Subsidized renters' agency in an uncertain policy context[J]. City & Community，15(4)：444-467.

Beracha E，Hardin W G，2018. The capitalization of school quality into renter and owner housing [J]. Real Estate Economics，46(1)：85-119.

Bickel P J，1973. On some analogues of linear combinations of order statistics in linear model[J]. The Annals of Statistics：597-616.

Bitter C，Mulligan G F，Dall Erba S，2007. Incorporating spatial variation in housing attribute prices：A comparison of geographically weighted regression and the spatial expansion method [J]. Journal of Geographical Systems，9(1)：7-27.

Black S E，1999. Do better schools matter? Parental valuation of elementary education[J]. Quarterly Journal of Economics，114(2)：577-599.

Bogart W T，Cromwell B A，2000. How much is a neighborhood school worth? [J]. Journal of Urban Economics，47(2)：280-305.

Bolitzer B，Netusil N R，2000. The impact of open spaces on property values in Portland，Oregon [J]. Journal of Environmental Management，59(3)：185-193.

Boone D S，Roehm M，2002. Retail segmentation using artificial neural networks[J]. International Journal of Research in Marketing，19(3)：287-301.

Borge L，Rattsø J，2018. Local economic consequences of investment in children：Capitalization of child care services[J]. CESifo Working Paper Series No. 6809. Available at SSRN：https：//ssrn. com/abstract=3126014.

Branas C C，Cheney R A，Macdonald J M，et al. ，2011. A difference-in-differences analysis of health，safety，and greening vacant urban space[J]. American Journal of Epidemiology，174(11)：1296-1306.

Brasington D M，1999. Which measures of school quality does the housing market value? [J]. Journal of Real Estate Research，18(3)：395-414.

Brasington D M，Hite D，2012. School choice and perceived school quality[J]. Economics Letters，116(3)：451-453.

Brasington D M，Hite D，Jauregui A，2009. House price impacts of racial，income，education，and age neighborhood segregation[J]. Journal of Regional Science，55(3)：442-467.

Brasington D，Haurin D R，2006. Educational outcomes and house values：A test of the value added approach[J]. Journal of Regional Science，46(2)：245-268.

Brunner E J，Cho S W，Reback R，2012. Mobility，housing markets，and schools：Estimating the effects of inter-district choice programs[J]. Journal of Public Economics，96(7-8)：604-614.

Brunner E J，Murdoch J，Thayer M，2011. School finance reform and housing values：Evidence from the Los Angeles metropolitan area. Public finance and management，2(4)：535-565.

Brunsdon C, Fotheringham A S, Charlton M E, 1996. Geographically weighted regression: A method for exploring spatial nonstationarity[J]. Geographical Analysis, 28(4):281-298.

Buchinsky M, 1995. Quantile regression Box-Cox transformation model and the US wage structure, 1963—1987[J]. Journal of Econometrics, 65(1):109-154.

Buchinsky M, 1998. The dynamics of changes in the female wage distribution in the USA: A quantile regression approach[J]. Journal of Applied Econometrics, 13(1):1-30.

Carrillo P, Cellini S R, Green R K, 2013. School quality and information disclosure: Evidence from the housing market[J]. Economic Inquiry, 51(3):1809-1828.

Case B, Clapp J, Dubin R, et al. , 2004. Modeling spatial and temporal house price patterns: A comparison of four models[J]. Journal of Real Estate Finance & Economics, 29(2):167-191.

Charles A T, Constant I T, 2018. Hedonic analysis and time-varying capitalization: An application using school quality[J]. Journal of Regional Science, 59(2), 250-280.

Chen C L, Kuan C M, Lin C C, 2007. Saving and housing of Taiwanese households: New evidence from quantile regression analyses[J]. Journal of Housing Economics, 16(2):102-126.

Chen W Y, Jim C Y, 2010. Amenities and disamenities: A hedonic analysis of the heterogeneous urban landscape in Shenzhen (China)[J]. Geographical Journal, 176(3):227-240.

Chernozhukov V, Hansen C, 2006. Instrumental quantile regression inference for structural and treatment effect models[J]. Journal of Econometrics, 132(2):491-525.

Cheshire P, Sheppard S, 2004. Capitalising the value of free schools: The impact of supply characteristics and uncertainty[J]. Economic Journal, 114(499):397-424.

Chiang Y H, Peng T C, Chang C O, 2015. The nonlinear effect of convenience stores on residential property prices: A case study of Taipei, Taiwan[J]. Habitat International, 46:82-90.

Chin H C, Foong K W, 2006. Influence of school accessibility on housing values[J]. Journal of Urban Planning & Development, 132(3):120-129.

Chiodo A J, Hernández-Murillo R, Owyang M T, 2010. Nonlinear effects of school quality on houseprices[J]. Federal Reserve Bank of St Louis Review, 92:185-204.

Chung H, 2015. School choice, housing prices, and residential sorting: Empirical evidence from inter-and intra-district choice[J]. Regional Science and Urban Economics, 52:39-49.

Clapp J M, Nanda A, Ross S L, 2008. Which school attributes matter? The influence of school district performance and demographic composition on property values[J]. Journal of Urban Economics, 63(2):451-466.

Clark D E, Herrin W E, 2000. The Impact of public school attributes on home sale prices in California[J]. Growth & Change, 31(3):385-407.

Cole T J, Green P J, 1992. Smoothing reference centile curves: The LMS method and penalized likelihood[J]. Statistics in Medicine, 11(10):1305-1319.

Collins C A, Kaplan E K, 2017. Capitalization of school quality in housing prices: Evidence from boundary changes in Shelby County, Tennessee[J]. American Economic Review, 107(5):628-632.

Coulson N E，McMillen D P，2007．The dynamics of intraurban quantile house price indexes[J]．Urban Studies，44(8)：1517-1537．

Davidoff I，Leigh A，2008．How much do public schools really cost? Estimating the relationship between house prices and school quality[J]．Economic Record，84(265)：193-206．

Dhar P，Ross S L，2012．School district quality and property values：Examining differences along school district boundaries[J]．Journal of Urban Economics，71(1)：18-25．

Downes T A，Zabel J E，2002．The impact of school characteristics on house prices：Chicago 1987—1991[J]．Journal of Urban Economics，52(1)：1-25．

Dubin R A，1998．Spatial autocorrelation：A primer[J]．Journal of Housing Economics，7(4)：304-327．

Fack G，Grenet J，2010．When do better schools raise housing prices? Evidence from Paris public and private schools[J]．Centre for the Economics of Education，94(1)：59-77．

Feng H，Lu M，2013．School quality and housing prices：Empirical evidence from a natural experiment in Shanghai，China[J]．Journal of Housing Economics，22(4)：291-307．

Ferrari E，Green M A，2013．Travel to school and housing markets：A case study of Sheffield，England[J]．Environment & Planning A，45(11)：2771-2788．

Figlio D N，Lucas M E，2004．What's in a grade? School report cards and the housing market[J]．American Economic Review，94(3)：591-604．

Fingleton B，2006．A cross-sectional analysis of residential property prices：The effects of income，commuting，schooling，the housing stock and spatial interaction in the English regions[J]．Papers in Regional Science，85(3)：339-361．

Fotheringham A S，Brunsdon C，Charlton M，2002．Geographically Weighted Regression：The Analysis of Spatially Varying Relationships[M]．Chichester：Wiley．

Gabriel S A，Hearey O，Kahn M E，et al．，2016．Public school quality valuation over the business-cycle[J]．NBER Working Papers．

García J，Hernández P J，López-Nicolás A，2001．How wide is the gap? An investigation of gender wage differences using quantile regression[J]．Social Science Electronic Publishing，26(1)：149-167．

Gibbons S，Machin S，2003．Valuing English primary schools[J]．Journal of Urban Economics，53(2)：197-219．

Gibbons S，Machin S，2006．Paying for primary schools：Admission constraints，school popularity or congestion? [J]．Economic Journal，116(510)：77-92．

Gibbons S，Machin S，Silva O，2013．Valuing school quality using boundary discontinuities[J]．Journal of Urban Economics，75：15-28．

Gibbons S，Mourato S，Resende G M，2014．The amenity value of English nature：A hedonic price approach[J]．Environmental & Resource Economics，57(2)：175-196．

Gingrich J，Ansell B，2014．Sorting for schools：Housing，education and inequality[J]．Socio-Economic Review，12(2)：329-351．

Girma S，Görg H，2007. Evaluating the foreign ownership wage premium using a difference-in-differences matching approach[J]. Journal of International Economics,72(1):97-112.

Goodman A，1979. Externalities and non-monotonic price-distance functions[J]. Urban Studies,16(3):321-328.

Hahn S，Kim T，Kim M，2012. The influence of school quality on housing prices in Korea[J]. Applied Economics,44(8):1021-1023.

Hallock K F，Koenker R W，2001. Quantile regression[J]. Journal of Economic Perspectives,15(4):143-156.

Hanink D M，Cromley R G，Ebenstein A Y，2012. Spatial variation in the determinants of house prices and apartment rents in China[J]. Journal of Real Estate Finance & Economics,45(2):347-363.

Hansen K，2014. Moving house for education in the pre-school years[J]. British Educational Research Journal,40(3):483-500.

Harjunen O，Kortelainen M，Saarimaa T，2018. Best education money can buy? Capitalization of school quality in Finland[J]. CESifo Economic Studies,64(2):150-175.

He S Y，2017. A hierarchical estimation of school quality capitalisation in house prices in Orange County,California[J]. Urban Studies,54(14):3337-3359.

Hilber C A L，Mayer C，2009. Why do households without children support local public schools? Linking house price capitalization to school spending[J]. Journal of Urban Economics,65(1):74-90.

Hirshfeld S，Vesilind P A，Pas E I，1992. Assessing the true cost of landfills[J]. Waste Management & Research,10(6):471-484.

Hite D，Wen C，Hitzhusen F，et al.，2001. Property-value impacts of an environmental disamenity：The case of landfills[J]. Journal of Real Estate Finance & Economics,22(2-3):185-202.

Hogg R V，Robert V，1975. Estimates of percentile regression lines using salary data[J]. Publications of the American Statistical Association,70(349):56-59.

Horn K M，Ellen I G，Schwartz A E，2014. Do housing choice voucher holders live near good schools? [J] Journal of Housing Economics,24(2):109-121.

Huang P，2018. Impact of distance to school on housing price：Evidence from a quantile regression [J]. The Empirical Economics Letters,17(2):149-156.

Hui E C M，Liang C，2016. Spatial spillover effect of urban landscape views on property price[J]. Applied Geography,72:26-35.

Hui E C M，Zhong J W，Yu K H，2012. The impact of landscape views and storey levels on property prices[J]. Landscape & Urban Planning,105(1-2):86-93.

Hussain I，2016. Consumer response to school quality information：Evidence from the housing market and parents' school choices[D]. Brighton：University of Sussex.

Imberman S A, Lovenheim M F, 2016. Does the market value value-added? Evidence from housing prices after a public release of school and teacher value-added[J]. Journal of Urban Economics, 91:104-121.

Insler M, Swope K, 2013. Did the Pursuit of Good Schools Contribute to the U. S. Housing Bubble? [J]. Working paper.

Jayantha W M, Lam S O, 2015. Capitalization of secondary school education into property values: A case study in Hong Kong[J]. Habitat International,50:12-22.

Jiao L M, Liu Y L, 2010. Geographic Field Model based hedonic valuation of urban open spaces in Wuhan,China[J]. Landscape & Urban Planning,98(1):47-55.

Jim C Y, Chen W Y, 2006. Impacts of urban environmental elements on residential housing prices in Guangzhou (China) [J]. Landscape & Urban Planning,78(4):422-434.

John G, Nellis J G, 2010. "The price you pay": The impact of state-funded secondary school performance on residential property values in England[J]. Panoeconomicus,57(4):405-428.

Kaoko Tom, 2004. A comparative perspective on urban spatial housing market structure: Some more evidence of local sub-markets based on a neural network classification of Amsterdam[J]. Urban Studies(41):2555-2579.

Kelejian H H, Prucha I R, 1999. A generalized moments estimator for the autoregressive parameter in a spatial model[J]. International Economic Review,40(2):509-533.

Kelejian H H, Robinson D P, 1993. A suggested method of estimation for spatial interdependent models with autocorrelated errors, and an application to a county expenditure model[J]. Papers in Regional Science,72(3):297-312.

Kim H G, Hung K C, Park S Y, 2015. Determinants of housing prices in Hong Kong: A Box-Cox quantile regression approach[J]. Journal of Real Estate Finance & Economics,50(2):270-287.

Kim T H, Muller C, 2004. Two-stage quantile regression when the first stage is based on quantile regression[J]. Econometrics Journal,7(1):218-231.

Kim T H, White H, 2002. Estimation, inference, and specification testing for possibly misspecified quantile regression[M]//Fomby T B, Hill R C. Maximum Likelihood Estimation of Misspecified Models: Twenty Years Later. Bingley: Emerald Group Publishing Ltd. :107-132.

Koenker R, 2005. Quantile regression[M]. Cambridge: Cambridge University Press.

Koenker R, Bassett G, 1978. Regression quantiles[J]. Econometrica,46(1):33-50.

Koenker R, Bassett G, 1982a. Robust tests for heteroscedasticity based on regression quantiles[J]. Econometrica,50(1):43-61.

Koenker R, Bassett G, 1982b. Tests of linear hypotheses and L1 estimation[J]. Econometrica, 50(6):1577-1583.

Koenker R, Geling O, 2001. Reappraising Medfly Longevity: A quantile regression survival analysis [J]. Journal of the American Statistical Association,96(454):458-468.

Kong F, Yin H, Nakagoshi N, 2007. Using GIS and landscape metrics in the hedonic price modeling of the amenity value of urban green space: A case study in Jinan City, China[J]. Landscape & Urban Planning,79(3):240-252.

Koo K M, Liang J, 2019. Value of bilingual education: Effect of bilingual school designation on housing price[J]. Working paper. Available at SSRN: https://ssrn.com/abstract=3171875 or http://dx.doi.org/10.2139/ssrn.3171875.

Kostov P, 2009. A spatial quantile regression hedonic model of agricultural land prices[J]. Spatial Economic Analysis,4(1):53-72.

Kuethe T H, Keeney R, 2012. Environmental externalities and residential property values: Externalized costs along the house price distribution[J]. Land Economics,88(2):241-250.

La V, 2015. Capitalization of school quality into housing prices: Evidence from Boston Public School district walk zones[J]. Economics Letters,134:102-106.

Lancaster K J, 1966. Change and innovation in the technology of consumption[J]. American Economic Review,56(1):14-23.

Leech D, Campos E, 2003. Is comprehensive education really free? a case-study of the effects of secondary school admissions policies on house prices in one local area[J]. Journal of the Royal Statistical Society,166(1):135-154.

Legower M, Walsh R, 2017. Promise scholarship programs as place-making policy: Evidence from school enrollment and housing prices[J]. Journal of Urban Economics,101:74-89.

LeSage J P, 1999. The theory and practice of spatial econometrics[D]. Toledo, Ohio: University of Toledo.

LeSage J P, Pace R K, 2009. Introduction to spatial econometrics[M]. Boca Raton: CRC Press.

Liao W C, Wang X, 2012. Hedonic house prices and spatial quantile regression[J]. Journal of Housing Economics,21(1):16-27.

Liebowitz D D, Page L C, 2014. Does school policy affect housing choices? Evidence from the end of desegregation in Charlotte-Mecklenburg[J]. American Educational Research Journal,51(4):671-703.

Lin Y J, Chang C O, Chen C L, 2014. Why homebuyers have a high housing affordability problem: Quantile regression analysis[J]. Habitat International,43(3):41-47.

Livy M R, 2017. The effect of local amenities on house price appreciation amid market shocks: The case of school quality[J]. Journal of Housing Economics,36:62-72.

Machin S, 2011. Houses and schools: Valuation of school quality through the housing market[J]. Labour Economics,18(6):723-729.

Mahan B L, Polasky S, Adams R M, 2000. Valuing urban wetlands: A property price approach[J]. Land Economics,76(1):100-113.

Mak S, Choy L, Ho W, 2010. Quantile regression estimates of Hong Kong real estate prices[J]. Urban Studies,47(11):2461-2472.

Malpezzi S, 2002. Hedonic pricing models: A selective and applied review[J]. Wisconsin-Madison CULER working papers,10:67-89.

Manning W G, Blumberg L, Moulton L H, 1995. The demand for alcohol: The differential response to price[J]. Journal of Health Economics,14(2):123-148.

Mansfield C, Pattanayak S K, Mcdow W, et al. , 2010. Shades of green: Measuring the value of urban forests in the housing market[J]. Journal of Forest Economics,11(3):177-199.

Mathur S, 2017. The myth of "free" public education: Impact of school quality on house prices in the Fremont Unified School District, California[J]. Journal of Planning Education & Research, 27(2):176-194.

McCord M, Davis P T, Haran M, et al. , 2013. Spatial variation as a determinant of house price: Incorporating a geographically weighted regression approach within the Belfast housing market [J]. Polymer Engineering & Science,44(12):2229-2239.

Michaels R G, Smith V K, 1990. Market segmentation and valuing amenities with hedonics models: The case of hazardous waste sites[J]. Journal of Urban Economics,28:223-242.

Militino A F, Ugarte M D, García-Reinaldos L, 2004. Alternative models for describing spatial dependence among dwelling selling prices[J]. Journal of Real Estate Finance & Economics, 29(2):193-209.

Mok D, Ling-Hin L I, 2010. The spatial impact of language policies on the marginal bids for English education in Hong Kong[J]. Growth & Change,41(4):556-587.

Mosteller F, 1946. On some useful "inefficient" statistics[J]. Annals of Mathematical Statistics, 17(4):377-408.

Mothorpe C, 2018. The impact of uncertainty on school quality capitalization using the border method [J]. Regional Science & Urban Economics,70:127-141.

Mueller J M, Loomis J B, 2014. Does the estimated impact of wildfires vary with the housing price distribution? A quantile regression approach[J]. Land Use Policy,41(4):121-127.

Newsome B A, Zietz J, 1992. Adjusting comparable sales using multiple regression analysis: The need for segmentation[J]. Appraisal Journal,60(1):129.

Nguyen-Hoang P, Yinger J, 2011. The capitalization of school quality into house values: A review [J]. Journal of Housing Economics,20(1):30-48.

Nilsson P, 2014. Natural amenities in urban space: A geographically weighted regression approach [J]. Landscape & Urban Planning,121(1):45-54.

Oates W E, 1969. The effects of property taxes and local public spending on property values: An empirical study of tax capitalization and the Tiebout hypothesis[J]. Journal of Political Economy, 77(6):957-971.

Orford S, 2018. The capitalisation of school choice into property prices: A case study of grammar and all ability state schools in Buckinghamshire, UK[J]. Geoforum,97:231-241.

Osland L, 2010. An application of spatial econometrics in relation to hedonic house price modeling [J]. Journal of Real Estate Research,32(3):289-320.

Owens A, 2016. Income segregation between school districts and inequality in students' achievement [J]. Sociology of Education,53(4):1159-1197.

Pace R K, Barry R, Sirmans C F, 1998. Spatial statistics and real estate[J]. Journal of Real Estate Finance & Economics,17(1):5-13.

Pace R K, LeSage J P, 2016. Spatial econometric models[J]. Prediction,1095-1100.

Paelinck J, Klaassen L, 1979. Spatial econometrics[M]. Farnborough: Saxon House.

Park Y, Kim H W, 2017. The cross-level impact of landscape patterns on housing premiums in micro-neighborhoods[J]. Urban Forestry & Urban Greening,24:80-91.

Peng T, 2019. Does the school input quality matter to nearby property prices in Taipei metropolis? An application of spatial analyses[J]. International Journal of Housing Markets and Analysis, 12(5):865-883.

Powell J L, 1986. Censored regression quantiles[J]. Journal of Econometrics,32(1):143-155.

Rajapaksa D, Wilson C, Hoang V N, et al., 2017. Who responds more to environmental amenities and dis-amenities? [J] Land Use Policy,62:151-158.

Reback R, 2005. House prices and the provision of local public services: Capitalization under school choice programs[J]. Journal of Urban Economics,57(2):275-301.

Ridker R G, Henning J A, 1967. The determinants of residential property values with special reference to air pollution[J]. Review of Economics & Statistics,49(2):246-257.

Ries J, Somerville T, 2010. School quality and residential property values: Evidence from Vancouverrezoning[J]. Review of Economics & Statistics,92(4):928-944.

Rosen S, 1974. Hedonic prices and implicit markets: Product differentiation in pure competition[J]. Journal of Political Economy,82(1):34-55.

Rosenthal L, 2003. The value of secondary school quality[J]. Oxford Bulletin of Economics & Statistics,65(3):329-355.

Saefuddin A, Widyaningsih Y, Ginting A, et al., 2012. Land price model considering spatial factors [J]. Asian Journal of Mathematics & Statistics,5(4):132-141.

Sah V, Conroy S J, Narwold A, 2016. Estimating school proximity effects on housing prices: The importance of robust spatial controls in hedonic estimations[J]. Journal of Real Estate Finance & Economics,53(1):50-76.

Samuelson P A, 1954. The Pure Theory of Public Expenditure[J]. Review of Economics & Statistics,36(4):387-389.

Sedgley N H, Williams N A, Derrick F W, 2008. The effect of educational test scores on house prices in a model with spatial dependence[J]. Journal of Housing Economics,17(2):191-200.

Shah S, 2018. The price of free education: Extracting the school quality premium in housing using Brighton and Hove's school admission reforms[D]. Cambridge: University of Cambridge.

Siegel-Hawley G, 2013. City lines, county lines, color lines: The relationship between school and housing segregation in four southern metro areas [J]. Teachers College Record,115(6): 194-219.

Sirmans G S, Macpherson D A, Zietz E N, 2005. The composition of hedonic pricing models[J]. Journal of Real Estate Literature,13(1):3-43.

Smith W R, 1956. Product differentiation and market segmentation as alternative marketing strategies[J]. Journal of Marketing,21(1):3-8.

Straszheim M, 1974. Hedonic estimation of housing market prices: A further comment[J]. The Review of Economics and Statistics,56(3):404-406.

Swope K, 2016. School quality, residential choice, and the U. S. housing bubble[J]. Housing Policy Debate,26(1):53-79.

Theil H, 1953. Repeated least squares applied to complete equation system[M]. The Hague: Centreal Planing Bureau.

Thompson P N, 2016. School district and housing price responses to fiscal stress labels: Evidence from Ohio[J]. Journal of Urban Economics,94:54-72.

Tiebout C M, 1956. A pure theory of local expenditures[J]. Journal of Political Economy,64(5): 416-424.

Towe C A, Tra C I, 2019. Hedonic analysis and time-varying capitalization: An application using school quality[J]. Journal of Regional Science,59:250-280.

Troy A, Grove J M, 2008. Property values, parks, and crime: A hedonic analysis in Baltimore, MD [J]. Landscape & Urban Planning,87(3):233-245.

Turnbull G K, Zahirovic-Herbert V, Zheng M, 2018. Uncertain school quality and house prices: Theory and empirical evidence[J]. The Journal of Real Estate Finance and Economics,57(2): 167-191.

Vandegrift D, Lockshiss A, Lahr M, 2012. Town versus gown: The effect of a college on housing prices and the tax base[J]. Growth & Change,43(2):304-334.

Wang Y, Feng S, Deng Z, et al. , 2016. Transit premium and rent segmentation: A spatial quantile hedonic analysis of Shanghai Metro[J]. Transport Policy,51:61-69.

Weimer D L, Wolkoff M J, 2001. School performance and housing values: Using non-contiguous district and incorporation boundaries to identify school effects[J]. National Tax Journal,54(2):231-253.

Wen H, Bu X, Qin Z, 2014a. Spatial effect of lake landscape on housing price: A case study of the West Lake in Hangzhou, China[J]. Habitat International,44:31-40.

Wen H, Jin Y, Zhang L, 2017a. Spatial heterogeneity in implicit housing prices: Evidence from Hangzhou, China[J]. International Journal of Strategic Property Management,21(1):15-28.

Wen H, Xiao Y, Zhang L, 2017b. School district, education quality, and housing price: Evidence from a natural experiment in Hangzhou, China[J]. Cities,66:72-80.

Wen H, Xiao Y, Zhang L, 2017c. Spatial effect of river landscape on housing price: An empirical study on the Grand Canal in Hangzhou, China[J]. Habitat International,63:34-44.

Wen H, Zhang Y, Zhang L, 2014b. Do educational facilities affect housing price? An empirical study in Hangzhou, China[J]. Habitat International,42:155-163.

Yang L，Wang B，Zhang Y，et al.，2018. Willing to pay more for high-quality schools? A hedonic pricing and propensity score matching approach[J]. International review for spatial planning and sustainable development，6(1):45-62.

Yeon K，2016. A study on repeat sales house price index based on penalized quantile regression[J]. Procedia Computer Science，91:260-267.

Yi Y，Kim E，Choi E，2017. Linkage among school performance，housing prices，and residential mobility[J]. Sustainability，9(6):1075.

Yinger J，2009. Hedonic markets and explicit demands: Bid-function envelopes for public services, neighborhood amenities，and commuting costs[J]. Social Science Electronic Publishing，86:9-25.

Yu K，Lu Z，Stander J，2003. Quantile regression: Applications and current research areas[J]. Journal of the Royal Statistical Society，52(3):331-350.

Zahirovic-Herbert V，Chatterjee S，2011. Historic preservation and residential property values: Evidence from quantile regression[J]. Urban Studies，49(49):369-382.

Zahirovic-Herbert V，Turnbull G K，2008. School quality，house prices and liquidity[J]. Journal of Real Estate Finance & Economics，37(2):113-130.

Zhang H，Wang X，2016. Effectiveness of macro-regulation policies on housing prices: A spatial quantile regression approach[J]. Housing Theory & Society，33(1):1-18.

Zhang L，2016. Flood hazards impact on neighborhood house prices: A spatial quantile regression analysis[J]. Regional Science & Urban Economics，60:12-19.

Zhang L，Hui E C M，2013. Structural change in housing submarkets in burgeoning real estate market: A case of Hangzhou，China[J]. Habitat International，39:214-223.

Zhang L，Leonard T，2014. Neighborhood impact of foreclosure: A quantile regression approach [J]. Regional Science & Urban Economics，48(3):133-143.

Zhang M，Chen J，2017. Are Chinese paying too much or too little for school quality? The rent yield gap approach for estimating the capitalization of school quality in Shanghai[J]. ADBI Working Paper，724.

Zheng S，Hu W，Wang R，2016. How much is a good school worth in Beijing? Identifying price premium with paired resale and rental data[J]. Journal of Real Estate Finance & Economics，53(2):184-199.

Zhou T，2018. Capitalization of public school quality into housing prices: An empirical analysis based on school district housing for public primary schools[J]. Chinese Studies，7:286-327.

Zietz J，Zietz E N，Sirmans G S，2008. Determinants of house prices: A quantile regression approach[J]. Journal of Real Estate Finance & Economics，37(4):317-333.